Stefanie Knöll (Hg.)

EX LIBRIS. Medizin gegen den Tod?

Schriften der Graphiksammlung „Mensch und Tod“
am Institut für Geschichte der Medizin
der Heinrich-Heine-Universität Düsseldorf
Herausgegeben von Stefanie Knöll
Band 1

EX LIBRIS
Medizin gegen den Tod?

Herausgegeben von
Stefanie Knöll

d|u|p düsseldorf university press

2011

Bibliografische Information der Deutschen Nationalbibliothek

Die Deutsche Nationalbibliothek verzeichnet diese Publikation in der Deutschen Nationalbibliografie; detaillierte bibliografische Daten sind im Internet über http://dnb.d-nb.de abrufbar.

Ex Libris. Medizin gegen den Tod?
Herausgegeben von Stefanie Knöll

(Schriften der Graphiksammlung „Mensch und Tod" am Institut für Geschichte der Medizin der Heinrich-Heine-Universität Düsseldorf; Bd. 1)
düsseldorf university press ISBN: 978-3-940671-79-0
1. Auflage 2010
2. leicht veränderte Auflage 2011

Printed in Germany

Redaktion und Lektorat: Stefanie Knöll
Layout: Christian Knöll, Stefanie Knöll, Sabrina Pompe
Umschlaggestaltung: Christof Neumann
Druck: Druckerei Frick, Krumbach

Inhalt

Vorwort

Zum Bestand der Graphiksammlung „Mensch und Tod" am Institut für Geschichte der Medizin der Heinrich-Heine-Universität Düsseldorf gehören seit ihrer Gründung im Jahre 1976 eine ganze Reihe von Exlibris-Blättern. Da diese der Privatsammlung des Chirurgen Prof. Dr. Werner Block (1893–1976) entstammen, erwuchs die Idee zu einer Ausstellung, die anhand von Bucheignerzeichen die Beziehung zwischen Medizin und Tod thematisiert. Diese Beziehung reicht vom kämpferischen Bemühen des Arztes um das Leben seines Patienten, über das Herstellen und Auffinden einer wirksamen Medizin bis zur bitteren Satire, in der Arzt und Apotheker zu Handlangern des Todes werden.

Einen wichtigen Anstoß für die Ausstellung gab die Schenkung von 90 Exlibris-Blättern durch den Apotheker und begeisterten Exlibris-Sammler Wolfgang Wissing, dem mein besonderer Dank gebührt. Da die Graphiksammlung „Mensch und Tod" über keine eigenen Mittel für Erwerbungen und Präsentationen verfügt, stellen derartige Schenkungen einen außerordentlich wichtigen Beitrag zum Ausbau der Sammlung dar.

Die Ausstellung wurde vom 1.–30. September 2010 in der Universitäts- und Landesbibliothek Düsseldorf gezeigt. Realisiert wurde sie mit einer großartigen Gruppe von Studierenden, die als Praktikanten oder studentische bzw. wissenschaftliche Hilfskräfte an der Konzeption und Organisation der Ausstellung beteiligt waren: Laura Adam, Jörg Kratz, Johanna Fleischmann, Katharina Mura und Sabrina Pompe. Früchte ihrer Arbeit sind auch die Texte, die nach redaktioneller Überarbeitung Eingang in diese Publikation gefunden haben.

Danken möchte ich den zahlreichen Künstlern und Rechteinhabern, die uns durch ihre überaus freundlichen Reaktionen ermutigten und durch ihre großzügige Unterstützung die reiche Bebilderung dieser Publikation ermöglichten.

Das Interesse an Ausstellung und Publikation war weitaus größer als wir es uns ursprünglich erträumt hatten. Aus diesem Grund erscheint nun – ein halbes Jahr nach der Ausstellung – bereits die zweite Auflage. Ohne Prof. Dr. Dr. Alfons Labisch wäre sie jedoch nicht möglich gewesen. Ihm und den Mitarbeitern des Instituts für Geschichte der Medizin danke ich herzlich für die großartige Unterstützung der Graphiksammlung „Mensch und Tod".

Dr. Stefanie Knöll, Kustodin
Düsseldorf, im April 2011

Einführung

Mit der Erfindung des Buchdruckes durch Johannes Gutenberg in der Mitte des 15. Jahrhunderts vollzog sich ein Wandel, in dessen Verlauf der Unikatwert des Buches verloren ging. Bücher waren plötzlich in großer Zahl reproduzierbar. Einhergehend mit dem Individualitätsverlust des Buches kam das Bedürfnis nach einer persönlichen Kennzeichnung durch den Besitzer auf. Das Exlibris wurde erfunden.

Die frühesten bekannten Exlibris entstanden kurz nach dem Aufkommen des Buchdruckes in Süddeutschland. Dabei handelt es sich um kunstvoll gestaltete kleine Graphiken mit dem Namen des Besitzers. Üblich in einer Zeit, in der Bücher noch besondere und kostbare Gegenstände waren, wies das Exlibris an prominenter Stelle auf der Innenseite des Einbandes auf den rechtmäßigen Besitzer hin und schützte das Buch somit auch vor Verlust und Diebstahl. Das lateinische „ex libris“ – „aus den Büchern (von...)“ – war dem Namen des Eigners vorangestellt.

In der zweiten Hälfte des 19. Jahrhundert entwickelte sich eine Leidenschaft für das Sammeln von Exlibris, die zu einer Verselbständigung der Kunstform führte. In diesem Zuge kam das Luxusexlibris auf, das aufgrund seiner Größe nicht mehr allein auf den praktischen Gebrauch ausgelegt war.

Bereits früh ließen Mediziner ihre persönlichen Bucheignerzeichen von berühmten Künstlern anfertigen. Zu den ältesten Blättern dieser Art zählt das Exlibris für Dr. Dietrich Block von Lucas Cranach d. Ä. aus dem Jahr 1509. Im Medizinerexlibris, von Ärzten ebenso wie von Apothekern, wird der eigene Beruf in Szene gesetzt. Zentrales Thema der hier gezeigten Graphiken ist der Kampf gegen den Tod als vornehmste Aufgabe der Medizin. Das Spektrum reicht von triumphalen Siegen des Arztes über den Tod bis zur Infragestellung der Wirkmacht der Medizin. Legitimiert der Mediziner einerseits sein Handeln mit Bezugnahme auf die Traditionen der antiken und christlichen Ikonographie, so werden auf der anderen Seite Motivation und Qualifikation von Ärzten und Apothekern hinterfragt und ihre Bemühungen bisweilen der Lächerlichkeit preisgegeben. Welche Einblicke gewähren uns die Exlibris in den Beruf des Mediziners und seinen Umgang mit dem Tod? Gibt es tatsächlich eine Medizin gegen den Schrecken des Todes?

Jörg Kratz

Asklepios und der Äskulapstab

Asklepios und der Äskulapstab

Die in Halle lebende Künstlerin Claudia Berg (geb. 1976) schuf im Jahr 2007 für den Apotheker Wolfgang Wissing ein Exlibris, das als *Die Ankunft der Schlange* (Abb. 1) übertitelt ist. Etwa zwei Drittel der querformatigen Radierung werden von einem Text ausgefüllt, der dem Anfang des Kapitels „Aesculapius" aus dem 15. Buch der Metamorphosen des Ovid entnommen ist:

Tut mir nun Kund, ihr Musen, ihr hilfreichen Göttinnen der Dichter,
denn ihr wisst es, ihr kennt selbst die entfernteste Vorzeit,
weshalb Äskulap, den Sohn der Koronis, ein vom tiefen Tiber
umflossene Eiland unter die Götter der Romulus-Stadt aufnahm.

Darüber entwickelt sich ein schmaler Bildstreifen. Rechts windet sich eine Schlange von einem Boot in eine von Wasser unterfangene dunkle Zone, in die eine Arkatur hineinführt. Der Kopf der Schlange ist bereits in die schwarzen Schraffuren eingetaucht, innerhalb derer nur schemenhaft Architekturelemente auszumachen sind.

Wie hängen nun der Titel des Blattes, sein Text und die rätselhafte Zeichnung zusammen? Die Textstelle ist aus jenem Kapitel des 15. Buches der Metamorphosen zitiert, welches mit „Aesculapius" überschrieben ist. Hier wird die Ankunft der griechischen Gottheit in Rom geschildert.

Doch zunächst zu dem Gott selbst, dem griechischen Asklepios bzw. dem römischen Asclepius oder Aesculapius. Koronis, die Tochter des mächtigen Königs Phlegyas aus Thessalien, war mit Asklepios schwanger, den Apollon gezeugt hatte. Sie wurde dem Gott untreu, indem ihr Vater sie mit dem Sterblichen Ischys vermählte. Das wurde Apollon von einer Krähe zugetragen, sodass der Gott erzürnte und Koronis töten ließ. Als sie auf dem Scheiterhaufen verbrannt wurde, hatte Apollon Mitleid und schnitt das ungeborene Kind aus dem Leib der toten Mutter. Er soll es dem Kentauren Chiron übergeben haben, der den Jungen aufzog und in der Heilkunst unterwies. Asklepios soll in der Heilkunst derart

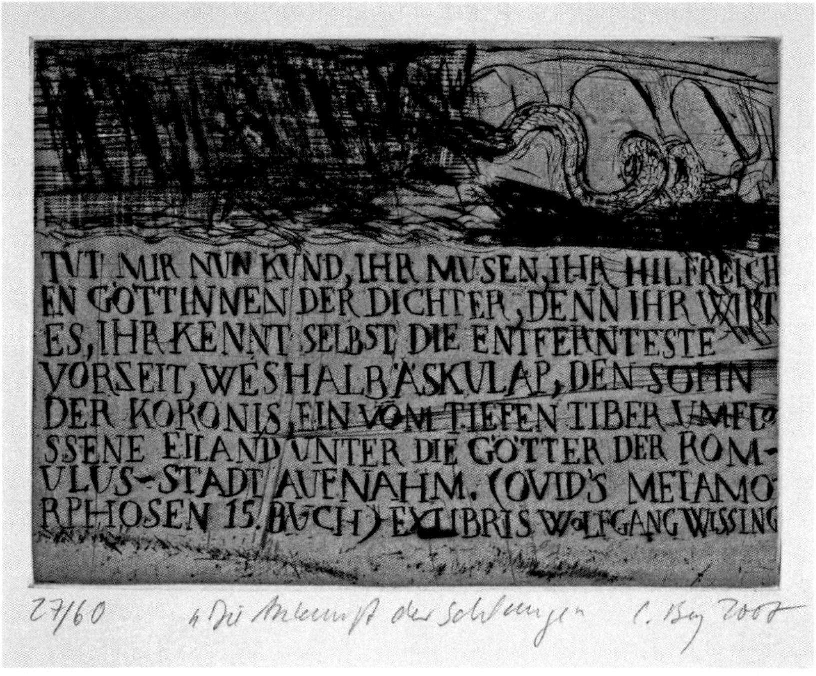

Abb. 1: Claudia Berg, Die Ankunft der Schlange,
Exlibris für Wolfgang Wissing, 2007.

erfolgreich gewesen sein, dass er sogar Tote erwecken konnte. Das rief den Zorn des Hades hervor. Zeus fürchtete um den Fortbestand der Weltordnung und erschlug Asklepios mit einem seiner Blitze.[1] Bisweilen nimmt man heute an, dass Asklepios tatsächlich um 1100 v. Chr. gelebt hat. In den Reigen der olympischen Götter wurde er wahrscheinlich erst im 5. Jahrhundert v. Chr. aufgenommen.[2]

In Epidauros, der Geburtsstätte des Asklepios, wurde in der Antike ein Heiligtum errichtet, zu dem kranke Menschen von weit her pilgerten, um der Wunderheilungen teilhaftig zu werden, die hier angeblich vollzogen wurden. In dem in der Abgeschiedenheit eines Tales liegenden heiligen Hain von Epidauros wurde eine „besondere religiöse Sphäre"[3] geschaffen, die eine psychologisierende Wirkung auf die Besucher ausübte. Die Sphäre des Heiligen durfte nach einem Reinigungszeremoniell betreten werden. Die auf göttliche Heilung hoffenden Patienten bereiteten sich durch Opfergaben und tiefe Andacht auf das

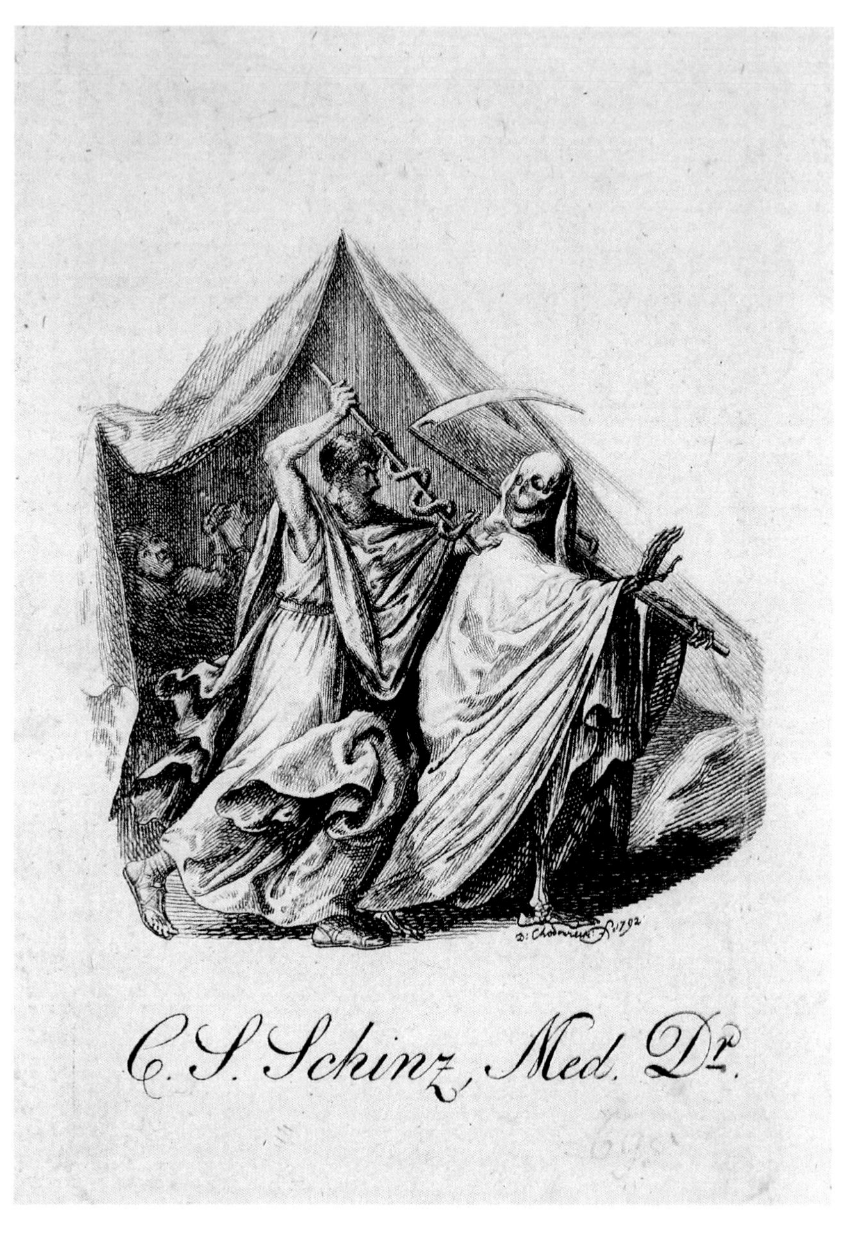

Abb. 2: Daniel Nikolaus Chodowiecki, Exlibris für Christoph S. Schinz, 1792.

zentrale Ereignis vor, bei dem sie in einem eigens dafür vorgesehenen Tempel schlafen durften. Idealerweise erschien ihnen im Schlaf Asklepios selbst, heilte ihre Leiden oder gab medizinische Anweisungen, die dann von den Priestern der Kultstätte gedeutet wurden. Kerényi spricht von einem „kultischen Weg“[4], der vollzogen wurde und von einer Atmosphäre in Epidauros, in welcher der Kranke seine Heilung selbst herbeiführen konnte und die anwesenden Ärzte lediglich im Hintergrund agierten.[5] Der Asklepioskult verbreitete sich von der Heimatkultstätte Epidauros ausgehend bis nach Kleinasien, Nordafrika und Italien.[6]

Seit dem 4. Jahrhundert v. Chr. kennt man bildliche Darstellungen des Asklepios als Statuen, Reliefs und Votivtafeln, auf denen der Gott als alter bärtiger, mit einem Himation bekleideter Mann erscheint, der sich auf einen von einer Schlange umwundenen Stab stützt.[7] Ähnlich kann man sich das Kultbild des Asklepios in Epidauros vorstellen und in ebendieser Gestalt soll der Heilgott den Kranken während ihres Tempelschlafes erschienen sein.[8] Die Schlange, namentlich die Äskulapnatter, eine in Südeuropa beheimatete Baumschlange, war dem Asklepios heilig[9] und spielte z.T. eine wichtige Rolle in seiner Heilkunst.[10]

Wenngleich nur eines der Attribute des Gottes, so doch immerhin das prominenteste seit dem 4. Jahrhundert, erscheint die Schlange nicht ausschließlich in der an den Stab gebundenen Form.[11] In der Antike waren Asklepios und Schlange zunächst identisch.[12] Die Ursachen für diese Verbindung sind vielfältig.[13] Bereits im 2. Jahrhundert v. Chr. wurde der Schlangenstab isoliert dargestellt.[14] Er gilt noch heute als prominentes Symbol der Mediziner und hat nicht zuletzt Eingang gefunden in moderne Zeichen wie das Apotheken-A. Die Schlange wurde zum Wappen- und Symboltier der Ärzte.[15]

Das Ärztegeschlecht, das in den Kultstätten des Asklepios praktizierte und sich „Asklepiadai“ (Asklepiossöhne) nannte, führte sich in einer „mystischen Genealogie“[16] auf den Heilgott selbst zurück und erfuhr gleichsam eine Legitimierung durch diesen, der als „Stammvater des Ärztegeschlechtes“[17] galt. Dabei wurde das Wissen um die Heilkunst von den Vätern den Söhnen überliefert. Letztlich steht auch der Eid des Hippokrates in dieser Tradition.[18] Er beginnt mit der Formel: “Ich schwöre und rufe Apollon, den Arzt, und Asklepios und Hygieia und Panakeia[19] und alle Götter und Göttinnen zu Zeugen an, dass ich diesen Eid und diesen Vertrag nach meiner Fähigkeit und nach meiner Einsicht erfüllen werde.”[20]

Nach dem Bruch des Mittelalters erfolgte eine Anknüpfung an die langsam wiederentdeckten Darstellungen des Asklepios aus der Antike. Die Vorstellungen von dem den Tod besiegenden Heilgott und der potentiellen Allmacht der Medizin sind auch in der Neuzeit sehr prä-

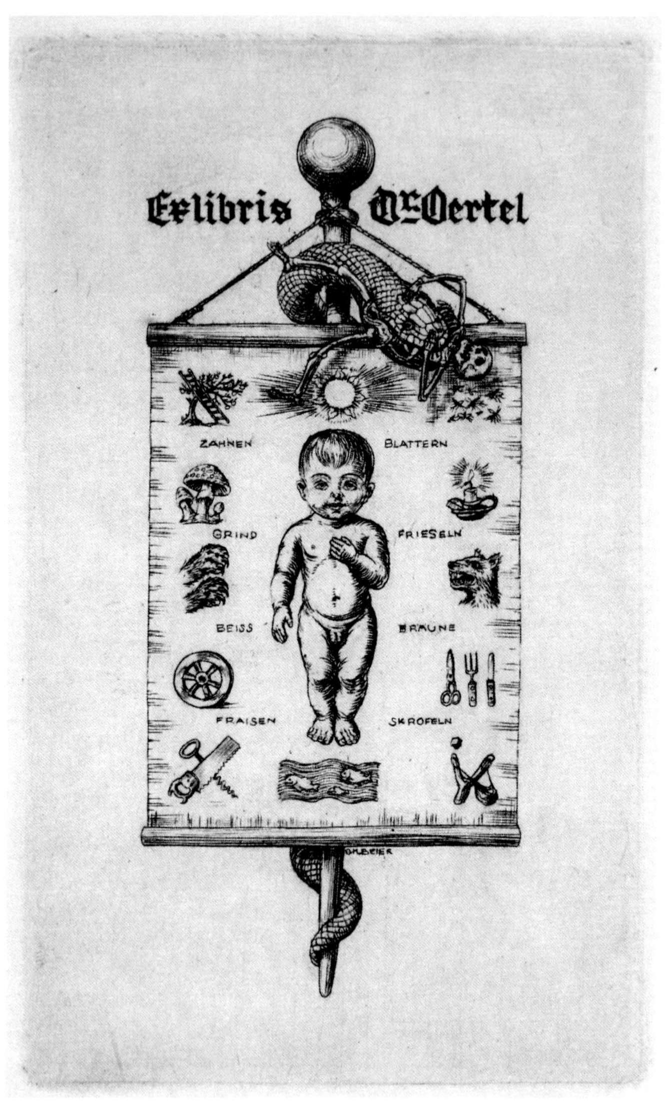

Abb. 3: Ottohans Beier, Exlibris für Dr. Oertel, 1930er.

Abb. 4: Ottohans Beier, Exlibris für Dr. Gerhard Kreyenberg, 1968.

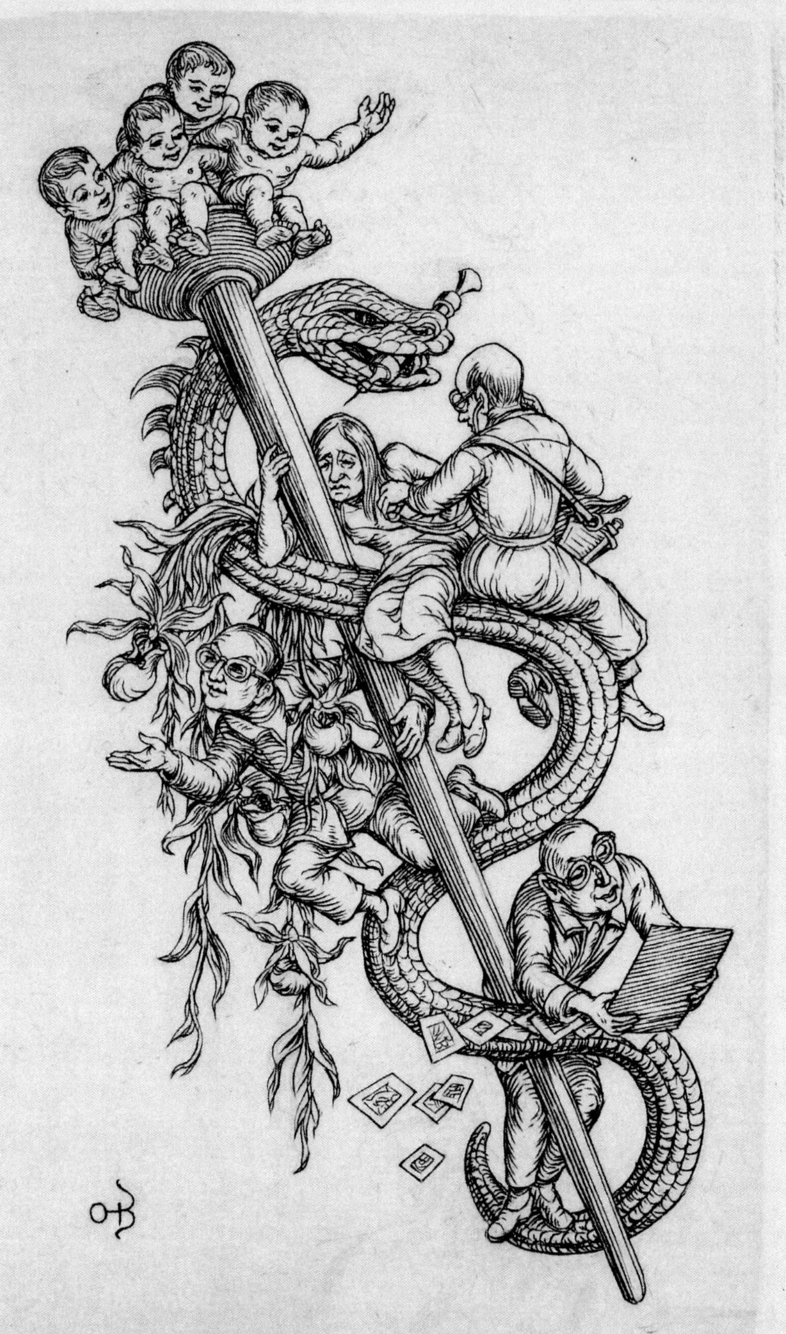

sent. Das zeigt eine Radierung von Daniel Nikolaus Chodowiecki (1726–1801), der zu den wichtigsten Graphikern des 18. Jahrhunderts zählt. In seinem Exlibris für Dr. Christoph Salomon Schinz von 1792 (Abb. 2) vertreibt Asklepios den als Skelett mit Sense personifizierten Tod vom Lager eines Kranken, indem er ihm den Schlangenstab in den Rücken stößt.[21]

Auch in dem Exlibris, das der deutsche Graphiker Ottohans Beier (1892–1979) in den 1930er Jahren für den Mediziner Dr. Oertel geschaffen hat (Abb. 3), wird das Motiv des Äskulapstabes aufgegriffen. Hier zermalmt die übermächtige Äskulapnatter das sich windende Tödlein in ihrem Maul. Die Motive auf der Schautafel, die unterhalb des Knaufs an dem Äskulapstab herabhängt, spielen auf den Beruf des Kinderarztes an, den Dr. Oertel ausübte.[22]

In einen völlig persönlichen Kontext wird der Äskulapstab in Beiers Exlibris für Dr. G. Kreyenberg überführt (Abb. 4). Schlange und Stab des Heilgottes sind nurmehr der Rahmen, die zusammenfassende Grundform und damit Grundmotivation des Mediziners für seine übrigen Lebensinhalte, seine Rolle als Vorstand eines Kinderheimes ebenso wie die als praktischer Arzt, seine Leidenschaft für die Orchideenzucht und für das Sammeln von Graphiken. Hier hat sich die Schlange bereits verselbständigt. Zugleich repräsentiert und legitimiert sie den Beruf des Mediziners und agiert im Kontext einer individuellen Lebensführung.

An dieser Stelle mag sich noch einmal der Blick auf die eingangs erwähnte Graphik von Claudia Berg lohnen, in der die Schlange noch ohne zuordnendes Beiwerk auftritt. Als animalische Personifikation des Asklepios bereits in der Antike aufgefasst, war die Schlange von entscheidender Relevanz bei der Gründung von Filialkulten[23], so auch bei der Gründung des Kultes in Rom, die bei Ovid geschildert wird. 295 und 293 v. Chr. wütete in Rom eine Seuche.[24] Die Römer wandten sich an ihr Orakel, die Sibyllinischen Bücher (bei Ovid ist es das Orakel von Delphi gemäß seiner Rolle als „größter apollinischen Autorität“[25]), das ihnen riet, den Asklepios von Epidauros nach Rom zu überführen.[26]

Kerényi vermutet, dass Asklepios unter den Römern bereits als Vertreter für den Apollon bekannt war. Hätte man nicht bereits festes Vertrauen in die Fähigkeiten des Gottes gehabt, wäre ein derart aufwändiges Zeremoniell für die Einführung eines Gottes, wie es in Rom inszeniert wurde, wohl nicht denkbar gewesen.[27] So wurden 291 v. Chr. einige Römer unter Leitung des Q. Ogulnius nach Epidauros gesandt, um den Asklepios nach Rom zu bringen.[28] Ovid berichtet von der Unsicherheit der Epidaurier, ob sie den Gott in die Ferne geben sollten, von dem Traum des Ogulnius, in dem ihm Asklepios erschienen sein soll, der daraufhin seine Hilfe für Rom versprach und von der Begebenheit in Epidauros, als sich das Standbild des Gottes in eine Schlange verwandelte und das Schiff der Römer bestieg. Weiter erzählt Ovid von der Reise und von der umjubelten Ankunft der Schlange in Rom und wie sie sich endlich auf der Tiberinsel niederließ:

Jetzt, im Bereiche von Rom, dem Haupte der Welt, da erhebt sich
Steil die Schlange: den Nacken gelehnt an den Gipfel des Mastes,
Dreht sie den Kopf und schaut in die Runde nach passendem Wohnsitz.
In zwei Läufe zerteilt der Strom in der Stadt sich – man nennt dort
Insel die Stelle: zur Rechten und Linken erstrecken sich gleiche
Zwillingsarme nach vorn und umfließen ein Land in der Mitte.
Hier ist das Ziel: es steigt vom latinischen Segler die Schlange,
Phoebus' Sprössling; und wieder in Göttergestaltung verwandelt,
Setzt er ein Ende dem Leid: so kam er als Retter der Hauptstadt![29]

Die Schlange als Inkarnation des Heilgottes wählt die Tiberinsel selbst zu ihrem Sitz.[30] Ebenso wie heute erfolgte der Zutritt auf die Insel, die später von den Römern in der Form eines Schiffes ausgebaut wurde,[31] über Brücken von beiden Seiten des Ufers. Kerényi spricht von dem Eintritt in ein Reich der Dunkelheit, in dem die Schlange „leuchten und mit ihrem kalten Leibe gewissermaßen doch das warme Lebenslicht verkörpern"[32] sollte. Die Schlange als dunkles, unheimliches und erdverbundenes Tier ist doch zugleich der Gott Asklepios, der über den Tod triumphiert.[33]

In eben dieses dunkle Reich taucht auch die Schlange in Claudia Bergs Exlibris ein. Sie ist soeben auf ihrem Boot in Rom angelangt und nimmt die Insel im Tiber ein. Der Heilgott, die Medizin repräsentierend, betritt das dunkle irdische Reich der Krankheiten und des Leidens, als Leben verheißende Kraft betritt er das Todgeweihte.

Jörg Kratz

1 Pierre Grimal (Hg.), Mythen der Völker, 3 Bde., Hamburg 1967, Bd. 1, S. 200.
2 Karl-Heinz Hunger, Der Äskulapstab, Berlin 1978, S. 31.
3 Karl Kerényi, Der göttliche Arzt. Studien über Asklepios und seine Kultstätten, Basel 1948, S. 25.
4 Kerényi 1948, S. 47.
5 Kerényi 1948, S. 60.
6 Hunger 1978, S. 34.
7 Hunger 1978, S. 37.
8 Kerényi 1948, S. 16.
9 Kerényi 1948, S. 19.
10 Hans-K. und Susanne Lücke, Helden und Gottheiten der Antike. Ein Handbuch. Der Mythos und seine Überlieferung in Literatur und bildender Kunst, Reinbek bei Hamburg 2002, S. 155.
11 Hunger 1978, S. 44.
12 Erich Küster, Die Schlange in der griechischen Kunst und Religion, Diss. Heidelberg 1913, S. 136.
13 Dazu vgl. H.-K. und S. Lücke 2002, S. 156f.
14 Johannes Bolten, Äskulap, in: Reallexikon zur Deutschen Kunstgeschichte, hrsg. von Otto Schmitt, Stuttgart 1936, Bd. 1, Sp. 1140. Eine detaillierte Auflistung der Funktionen und Bedeutungsinhalte von Äskulapschlange und Äskulapstab findet sich bei Hunger 1978, S. 45ff. und S. 53ff.
15 Dazu: Hunger 1978, S. 67. Beispiele aus dem Bereich der Exlibriskunst finden sich bei: Gerhard Kreyenberg, Exlibris für Ärzte, Köln 1983, S. 56f.
16 Kerényi 1948, S. 11.
17 Ebenda.
18 Ebenda.
19 Töchter des Asklepios.
20 Kerényi 1948, S. 11f.
21 Ilka Kleimenhagen verweist bereits auf eine Zeichnung Chodowieckis, die mit dem Exlibris fast identisch ist (I. Kleimenhagen, Chodowiecki und die Medizin, in: Düsseldorfer Arbeiten zur Geschichte der Medizin 34, Düsseldorf 1969). Eine Abbildung findet sich bei: Eugen Holländer, Die Karikatur und Satire in der Medizin, 2. Aufl., Stuttgart 1921, S. 30, Fig. 12. Der knollennasige Asklepios und die fette Natter am Äskulapstab verscheuchen den Tod. In beiden Graphiken deutet das Grinsen des Todes darauf hin, dass zwar dieses Mal die Medizin gesiegt hat, der Tod aber letztlich wiederkehren und dann Gebrauch von seiner Sense machen wird.
22 Auf der Tafel ist ein nacktes Kind von diversen Motiven umgeben: Sonne, Baum mit Leiter, Fliegenpilze, Klauen, Wagenrad, Säge und Handbohrer, Fische im Wasser, Fletsche, Schere, Gabel, Messer, Wolfskopf, Kerze, Mückenschwarm. Den Motiven sind Krankheiten und Symptome im bayrischen Dialekt beigeordnet.
23 Emma J. Edelstein und Ludwig Edelstein, Asclepius. A collection and interpretation of the testimonies, 2. Bde., Baltimore 1945, Bd. 2, S. 230f.
24 Kerényi 1948, S. 12.
25 Kerényi 1948, S. 15.
26 Publius Ovidius Naso, Metamorphosen, hrsg. und übers. von Hermann Breitenbach, Zürich 1958, 15. Buch.
27 Kerényi 1948, S. 14.
28 Kerényi 1948, S. 15.
29 zitiert aus: Metamorphosen 1958, 15. Buch, S. 1103/1105.
30 Kerényi 1948, S. 21. Kerényi legt die Funktion der Insel als Heilstätte inmitten des Tibers und als Wirkort des Asklepios dar (S. 9ff).
31 Thomas Schnalke, Asklepios. Heilgott und Heilkult, Erlangen 1990, S. 24.
32 Kerényi 1948, S. 24.
33 Vgl. Kerényi 1948, S. 24.

Kosmas und Damian

Kosmas und Damian

Es gibt viele unterschiedliche Legenden[1], die über das Leben und die Taten der Ärzteheiligen Kosmas und Damian berichten. Die Brüder, die im 3. Jahrhundert in Kleinasien lebten,[2] arbeiteten unentgeltlich zum Wohle ihrer Patienten und werden deshalb zu den Anargyroi (griech. ohne Silber) gezählt.[3] Anfang des 4. Jahrhunderts hingerichtet, wurden die Brüder bald als Heilige verehrt. Zu den bedeutendsten Verehrungsstätten in Deutschland gehört die Stadt Essen.[4] Den Schutzpatronen Kosmas und Damian zu Ehren befinden sich beispielsweise Figuren der Brüder am Rathaus der Stadt.[5]

Ein Beispiel für die Verehrung der Heiligen Ärzte ist ein Schrein aus dem 14. Jahrhundert in der Schatzkammer der Marienkirche in Krakau. Die darauf befindlichen sechzehn Szenen veranschaulichen das Leben und Wirken der Brüder. Sie reichen von ihrer Geburt über einzelne Wundertaten bis hin zu ihrem Tod.[6] Angelehnt an die Darstellungen des Schreins kreierte Dr. pharm. Krzysztof Kmieć (geb. 1950), der zu den bedeutendsten zeitgenössischen Exlibriskünstlern in Polen zählt, einen Zyklus von sechzehn Exlibris-Blättern. Ungewöhnlich ist, dass jedes Blatt der 'Folge' eine andere Person oder Vereinigung als Bucheigner ausweist. Kosmas und Damian sind meist im linken Teil der Darstellung zu sehen (vgl. Abb. 7). Stets tragen sie ähnliche Kleidung, ähneln sich in ihren Handbewegungen und stechen durch ihre Nimben sowie durch ihre herausragende Körpergröße hervor. Im Folgenden sollen zwei Blätter dieser Serie genauer vorgestellt werden.

Das Exlibris mit dem Titel *Streit um die Annahme des Lohnes für Palladias Heilung* (Abb. 5) ist der 1947 gegründeten polnischen Gesellschaft für Pharmazie gewidmet. Sie unterstützt die Aus- und Weiterbildung von Apothekern. In dieser Darstellung befinden sich die Brüder nicht nebeneinander in einer Bildhälfte, wie es auf den restlichen Darstellungen üblich ist; Kosmas und Damian sitzen jeweils auf der rechten und linken Bildseite getrennt voneinander erhöht auf Kissen. Zwischen ihnen steht eine Schale, in der sich drei große Eier befinden.

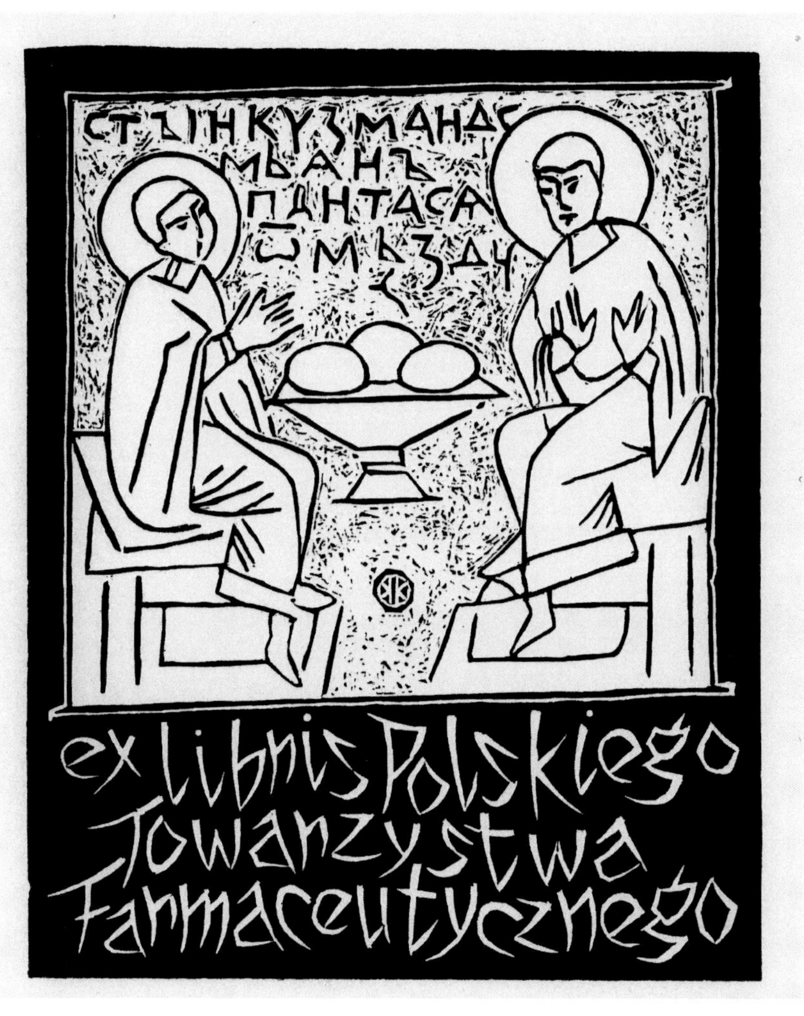

Abb. 5: Krzystof Kmiec, Streit um die Annahme des Lohnes für Palladias Heilung, Exlibris für die polnische Gesellschaft für Pharmazie, 2005.

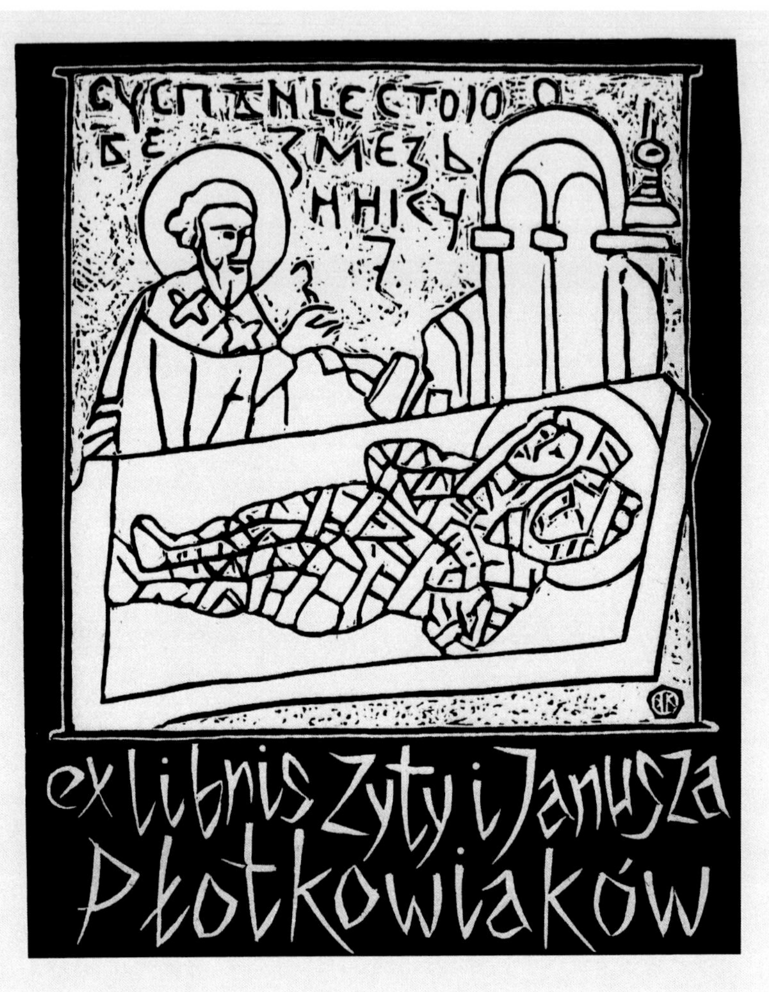

Abb. 6: Krzysztof Kmiec, Der Tod der heiligen Ärzte Kosmas und Damian, Exlibris für Zyta und Janusz Plotkowiak, 2005.

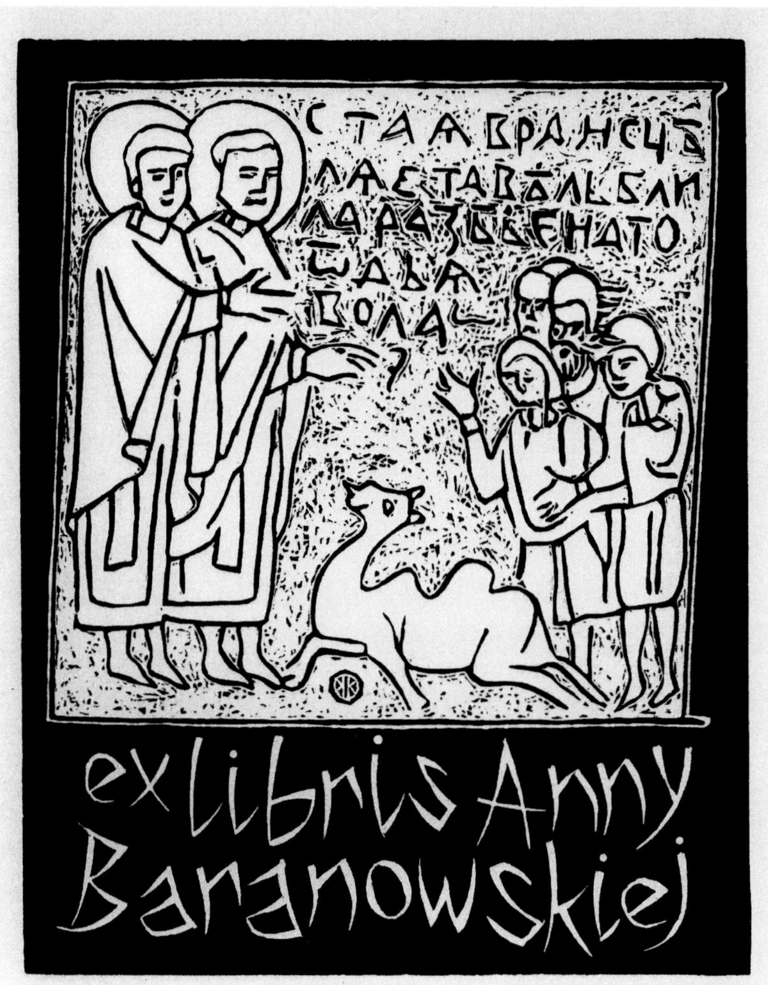

Abb. 7: Krzysztof Kmiec, Die heiligen Ärzte heilen ein vom Teufel besessenes Kamel, Exlibris für Anna Baranowska, 2004.

Dass die optische Trennung einen Streit verdeutlichen soll, ist der Geschichte der Palladia zu entnehmen, die in der *Legenda aurea*, dem wohl bekanntesten Legendenbuch des Mittelalters, erläutert wird:

Eine ältere Frau namens Palladia litt an einer Krankheit, von der sie kein Arzt befreien konnte. Sie hörte von den heiligen Anargyroi und ließ sich von Damian behandeln. Nachdem er sie geheilt hatte, wollte sie ihm zum Dank drei Eier schenken. Er lehnte jedoch ab, um seiner Überzeugung nachzukommen, kein Entgelt für Behandlungen entgegen zu nehmen. Palladia beschwor ihn jedoch, das Geschenk anzunehmen, so dass Damian ihren Bitten schließlich nachgab. Dadurch geriet er mit Kosmas in einen fürchterlichen Streit. Kosmas beschloss deshalb, nicht zusammen mit seinem Bruder beerdigt zu werden.

Das Exlibris zeigt diese Situation, in der der auf der linken Bildseite zu erkennende Damian seinen Bruder mit erhobenen Händen um Verständnis für sein Handeln bittet. Kosmas befindet sich auf der rechten Bildseite und sitzt frontal zum Betrachter. Seine abwehrend vor den Körper gehaltenen Hände verdeutlichen, dass er mit dem Verhalten seines Bruders nicht einverstanden ist. Die Eier sind absichtlich größer abgebildet, als sie es in Wirklichkeit sind, und verweisen damit deutlich auf den Anlass der Auseinandersetzung zwischen den Brüdern.[7]

Die Legende erzählt weiter, dass Gott in der folgenden Nacht dem wütenden Kosmas erschien und ihm das Verhalten seines Bruders erklärte. Damian erfuhr aber nichts von der Sinnesänderung seines Bruders und dachte, er würde nach seinem Tod allein bestattet werden.

Den Tod der heiligen Ärzte Kosmas und Damian (Abb. 6) zeigt das Exlibris für Zyta und Janusz Płotkowiak. Zyta Płotkowiak ist Professorin der Pharmazie und lehrt an der Akademie in Posen. Janusz ist Doktor der Pharmazie und leitet als Direktor die Krankenhausapotheke in Posen. Die verstorbenen Brüder liegen in dieser Darstellung aufgebahrt nebeneinander. Zu erkennen sind sie an ihren großen Nimben. Im linken Bildhintergrund ist ein alter Bischof mit langem Bart und Nimbus zu sehen, der die Verstorbenen segnet. Im rechten Hintergrund befindet sich eine Kathedra. Dass die Brüder nach dem Streit über die Annahme des Geschenks der Palladia nun doch zusammen bestattet werden ist nur einem glücklichen Zufall zu verdanken.

Die *Legenda aurea* berichtet, dass am Tage der Bestattung das Kamel erschien, das Kosmas und Damian einmal geheilt hatten (Abb. 7). Es soll mit menschlicher Stimme zu den anwesenden Trauernden gesprochen haben, dass Kosmas seine Meinung geändert habe. Er wolle nun doch zusammen mit seinem Bruder bestattet werden. Die Menschen glaubten dem Kamel und setzten die Brüder gemeinsam bei.[8]

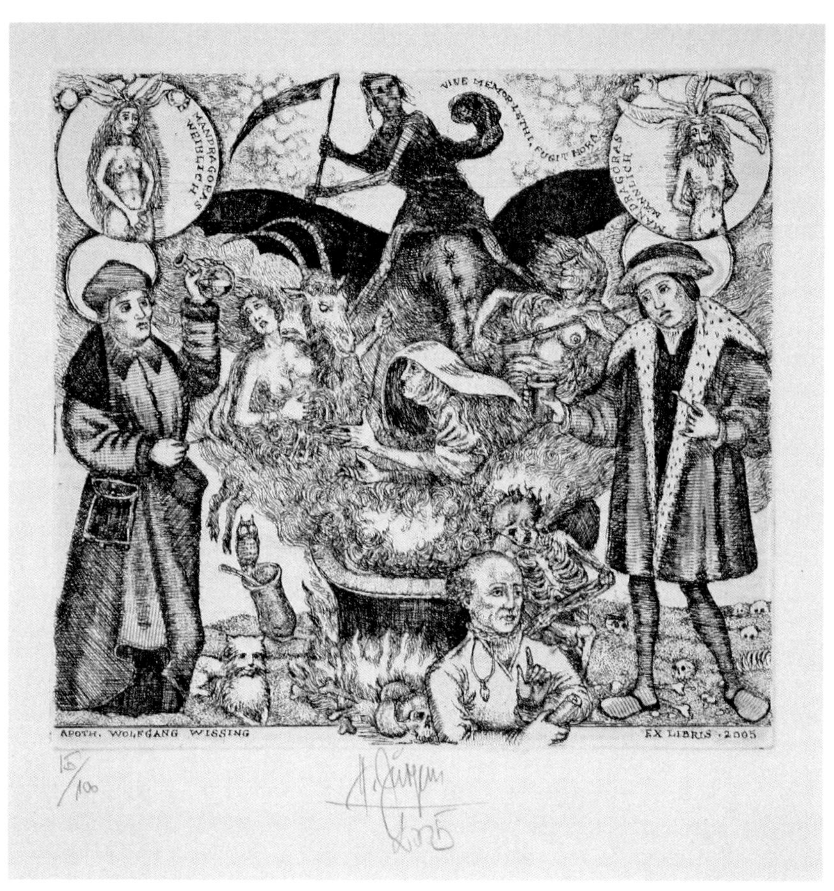

Abb. 8: Harry Jürgens, Ein pandämonisches Panoptikum, Exlibris für Wolfgang Wissing, 2005.

Noch heute gelten Kosmas und Damian als Schutzpatrone der Ärzte und Apotheker.[9] In dieser Funktion werden sie gerne in Exlibris-Blättern für Vertreter verschiedener medizinischer Berufe dargestellt. Eines der frühesten Ärzte-Exlibris stammt aus dem Jahre 1509. Es ist dem Arzt Dr. Dietrich Block gewidmet.[10] Der Künstler Lucas Cranach d. Ä. zeigt hier Kosmas und Damian einander gegenüberstehend. Sie halten die typischen Attribute, Harnglas und Salbengefäß, in ihren Händen. Zwischen den Figuren befindet sich das Wappen des Arztes Block.

Auch Harry Jürgens (geb. 1949) *Pandämonisches Panoptikum* (Abb. 8) stellt Kosmas und Damian am rechten und linken Bildrand dar. Das Exlibris für den Apotheker Wolfgang Wissing vereint mehrere Szenen aus verschiedenen Bereichen. In den Medaillons in den beiden oberen Ecken sind ein männlicher und weiblicher Alraun zu sehen. In der Mitte erscheinen eine Reminiszenz an Böcklins *Pest*, die Darstellung eines Hexensabbats sowie ein Bildnis des Paracelsus. Die beiden Heiligen sind deutlich an ihren Nimben und ihren Attributen erkennbar.

Kosmas mit dem Harnglas wird dabei traditionell auf der linken Seite der Darstellung platziert, während sein Bruder Damian mit dem Salbentopf die rechte Bildhälfte zugewiesen wird.[11]

Katharina Mura

1 Engelbert Kirschbaum (Hg.), Lexikon der Christlichen Ikonographie, 8 Bde., Rom u. a. 1968-76, Bd. 7.

2 Alfred Pothmann, Cosmas und Damian. Sie heilten Mensch und Tier, Mühlheim a. d. Ruhr 1982, S. 8.

3 Uwe H. T Hagenström, Unterwegs mit Kosmas und Damian. Ein pharmaziegeschichtliches Kaleidoskop, Lübeck 1983, S. 19; Wilhelm R. Dietrich, Arzt und Apotheker im Spiegel ihrer alten Patrone Kosmas und Damian, Warthausen 2005, S. 7; Peter Sintern, Zum Kult der „Anargyroi", in: Zeitschrift für katholische Theologie 69 (1947), S. 354-360.

4 Vgl. dazu Marion Boschka, Das Cosmas-und-Damian-Reliquiar von 1643 aus dem Essener Domschatz, in: diess.: ...wie das Gold den Augen leuchtet: Schätze aus dem Essener Frauenstift, Essener Forschungen zum Frauenstift 5, Essen 2007, S. 257-274; Kosmas und Damian: Eine kunst- und medizinhistorische Aussendungsreihe der Basotherm, Ausg. 4.: Verehrung in Essen: die Bedeutung der Heiligen Kosmas und Damian für Essen (Schatzkammer der Stiftskirche), Biberach an der Riss 1986.

5 Dietrich 2005, S. 37.

6 Die ursprüngliche Bestimmung des Objekts als Reliquiar ist unklar. Dazu: Anna Zachwieja, Skrzynka SS. Kosmy i Damiana z kosciola NMP w Krakowie, Uniwersytet Jagiellonski, Kraków 1995. Wir danken Frau Zachwieja für die Möglichkeit zur Einsicht in ihr unpubliziertes Manuskript: Some observations on hagiographic scenes of the medical saints Sts. Cosmas and Damian healing people (Fourteenth-century casket of Saints Cosmas and Damian in Cracow, Poland).

7 Krzystof Kmieć und Jan Majewski, Święci Kosma i Damian patroni farmacji jako motyw ekslibrisu, Posen 2005, S. 27. In dieser Publikation wird die gesamte auf den Schrein bezogene Exlibris-Folge beschrieben und abgebildet.

8 Heinz Skrobucha, Kosmas und Damian. Recklinghausen 1965, S. 16.

9 Anneliese Wittmann, Kosmas und Damian. Kultausbreitung und Volksdevotion, Berlin 1967; Walter Artelt, Kosmas und Damian. Die Schutzpatrone der Ärzte und Apotheker. Eine Bildfolge, 1-12, Darmstadt o. J.; John Gerlitt, Cosmas und Damianus, die Schutzpatrone der Ärzte, Ciba-Zeitschrift 1935, S. 890-893.

10 Gerhard Kreyenberg, Exlibris für Ärzte, Köln 1983, S. 6.

11 Diese Regelmäßigkeit fällt auf, wenn verschiedene Darstellungen unterschiedlicher Epochen miteinander verglichen werden. Vgl. Kreyenberg 1983, z. B. S. 183, 187, 265.

Christus als Apotheker

Christus als Apotheker

Im Jahr 2005 schuf der Leipziger Künstler Harry Jürgens (geb. 1949) ein Exlibris für den Apotheker Wolfgang Wissing (Abb. 9), das Christus mit einer Waage in seiner Hand in einer reich ausstaffierten Apotheke zeigt. Der in ein voluminöses Gewand Gehüllte steht dem Betrachter frontal gegenüber und blickt ihm mit ernstem Blick entgegen. Dabei betont die triptychonartige Anordnung der Apothekenregale und die mittige Positionierung Jesu Christi dessen zentrale Bedeutung. Am Himmel erscheinen in der linken Ecke die Sonne und rechts der Mond. Dazwischen erhebt sich der heilige Geist in Gestalt einer weißen Taube. Zahlreiche Details der Darstellung verweisen auf die medizinische Lehre und die Heilkraft von Pflanzen. So entsprechen die vier Säulen des Apothekenregals den vier Grundlagen der Heilkunde, die Paracelsus 1530 in seinem *Opus paragranum* definierte: „Philosophie", „Tugend", „Alchemie" und „Astronomie".[1] Der Bildvordergrund zeigt eine Tischfläche in der Aufsicht, auf der zahlreiche Utensilien, darunter ein Evangelium, Kräuter und Pflanzen sowie Töpfe und Glasfläschchen platziert sind. Ein Etikett bezeichnet jeweils die in den Flaschen enthaltene Substanz. Dabei haben alle dargestellten Pflanzen und Gefäße Symbolcharakter, handelt es sich doch um Medikamente, die in einer gewöhnlichen Apotheke nicht zu finden sind. So sind in den Flaschen und Töpfchen dieser speziellen Apotheke beispielsweise die christlichen Tugenden wie Glaube, Liebe und Hoffnung enthalten; aber auch Trost und Segen findet man hier. Im Bildvordergrund liegt eine Kreuzwurzel. Diese steht symbolisch für Kreuz und Kreuzestat Christi.

Während die Arzneimittel eines gewöhnlichen Apothekers im besten Fall körperliche Krankheiten kurieren können, verspricht die von Christus bereitete Arznei Heilung von allen physischen wie psychischen Gebrechen und das ewige Leben. Der im Bildvordergrund zu erkennende Kelch und die darauf platzierte Hostie erweitern das Motiv in Verbindung mit der Figur des segnenden Christus um eine zusätzliche Dimension. Der Apothekenraum wird zur Kirche, der Rezepturtisch zum Altar, die Utensilien zum elementaren Bestandteil der Eucharistie.

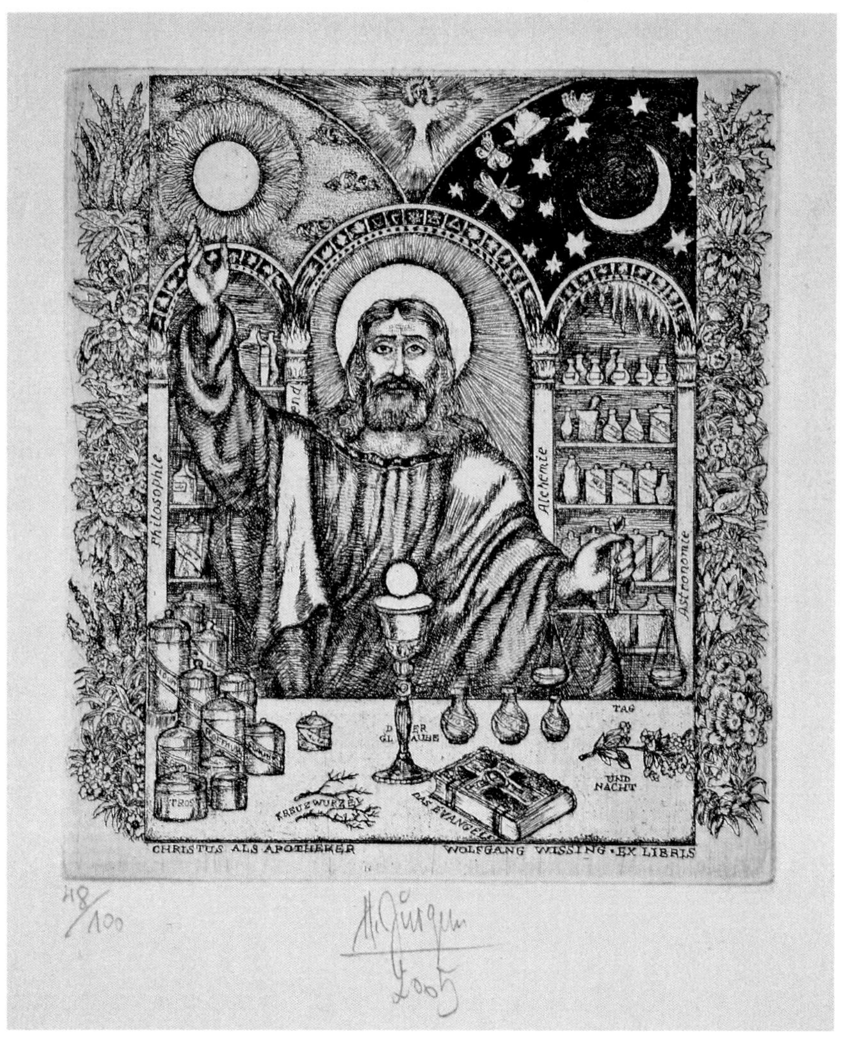

Abb. 9: Harry Jürgens, Christus als Apotheker, Exlibris für Wolfgang Wissing, 2005.

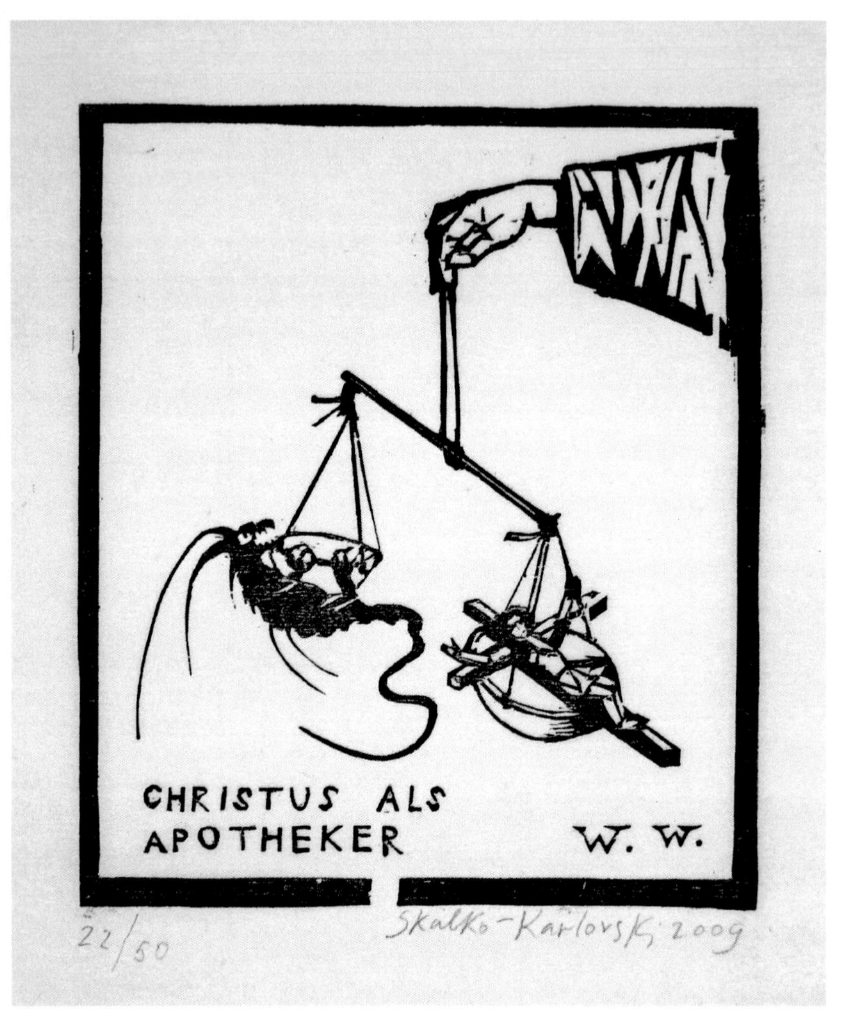

Abb. 10: Tatiana Skalko-Karlovska, Christus als Apotheker, Exlibris für Wolfgang Wissing, 2009.

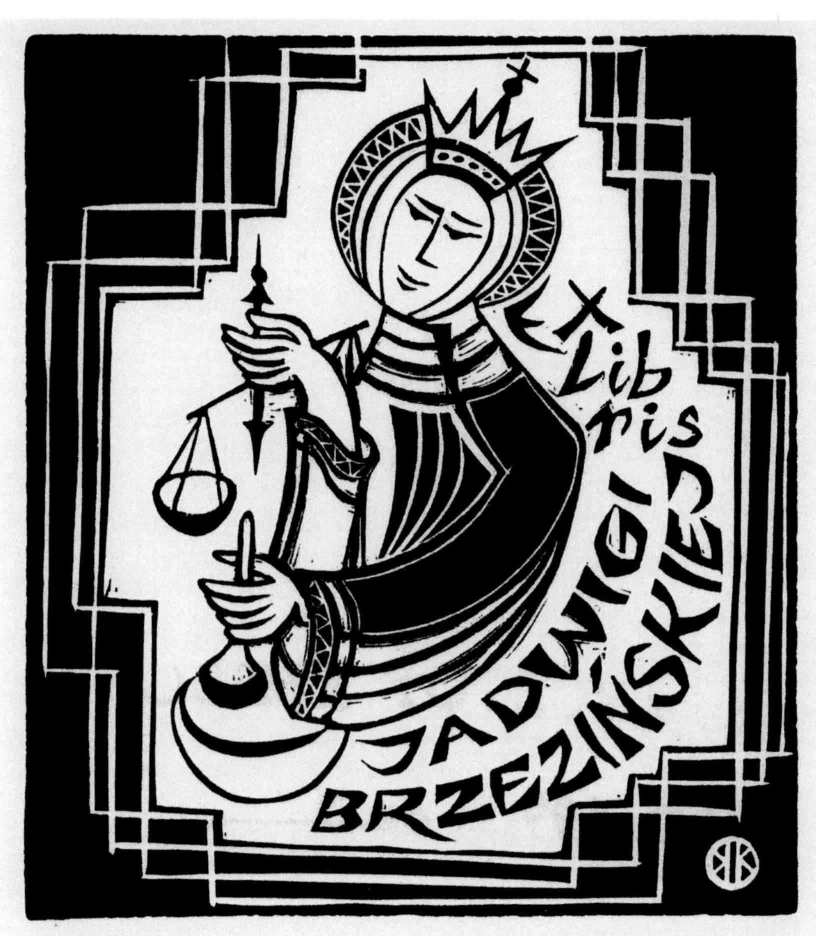

Abb. 11: Krzysztof Kmiec, Maria als Apothekerin, Exlibris für Dr. Jadwiga Brzezinskie, 1996.

Die Vorstellung von Gott bzw. Christus als Arzt, als „Heiland", hat ihren Ursprung in der Bibel. Aus diversen Texten des Alten und Neuen Testaments geht deutlich hervor, dass die christliche Vorstellung von Gott als Arzt über die Heilung von Krankheiten hinaus geht und es zugleich darum geht, die Menschen von ihrer Sündhaftigkeit zu befreien und teuflische Mächte zu überwinden. Besondere Verbreitung erfuhr die Vorstellung von der heilenden Kraft Gottes durch die frühen Kirchenväter.[2]

Es ist daher erstaunlich, dass das früheste Zeugnis einer Darstellung Christi als Arzt aus dem frühen 16. Jahrhundert stammt. Die zwischen 1519 und 1528 in Rouen entstandene Miniatur zeigt Christus in einer Apotheke. Anwesend sind auch Adam und Eva, die stellvertretend für die komplette Menschheit stehen, die durch Christi Seelenmedizin Rettung von der Sünde erfährt.[3] Wie die Forschung immer wieder betont hat, ist Christus hier zwar in einer Apotheke dargestellt, er verkörpert jedoch keinen Apotheker. Die Tatsache, dass er damit beschäftigt ist, ein Rezept zu schreiben, kennzeichnet ihn als Arzt.[4] Im Mittelalter war es durchaus gängig, dass Ärzte die benötigten Arzneien im Apothekenraum verschrieben.[5] Darstellungen wie die Miniatur aus Rouen stellen durch ihre präzise, detaillierte Erfassung der Utensilien und des Apothekenraums wichtige Bildquellen dar, die uns eine Vorstellung vom Aussehen einer zeitgenössischen Apotheke vermitteln.[6]

Aus dem 17. Jahrhundert kennen wir erstmals Darstellungen, die Christus durch das Attribut der Waage als Apotheker kennzeichnen.[7] Als ältestes Beispiel gilt ein Ölgemälde von Michael Herr, das um 1619 datiert wird.[8] Doch was waren die Beweggründe für die Einführung eines neuen Darstellungstypus, bei dem Christus ab der Mitte des 17. Jahrhunderts in der Figur des Apothekers statt als Arzt gezeigt wurde?

Hierzu sind mehrere Ursachen zu nennen: Einen nicht unbedeutenden Anteil an der Abwandlung des Motivs hatte sicher Martin Luthers Übersetzung, in der erstmals die Vorstellung von Christus als Arzt und Apotheker Eingang in die Bibel fand.[9] Aufgrund der relativ späten Herausbildung des Apothekerberufes musste das Konzept den Kirchenvätern noch fremd gewesen sein. Darüber hinaus ist zu beachten, dass die finanziellen Möglichkeiten des einfachen Volkes begrenzt waren, so dass nur wenige Menschen überhaupt einen Arzt aufsuchen konnten. Der Besuch einer Apotheke war den meisten Leuten hingegen vertrauter. Christus in der Rolle des Apothekers musste demnach als geläufiger und realitätsnaher empfunden worden sein als in der Rolle des Arztes.[10] Von besonderer Bedeutung ist die Tatsache, dass der Motivwandel hin zum Apotheker auch die Integration neuer Attribute in das Bild ermöglichte, wie beispielsweise die Waage. Sie diente dem Apotheker als Ar-

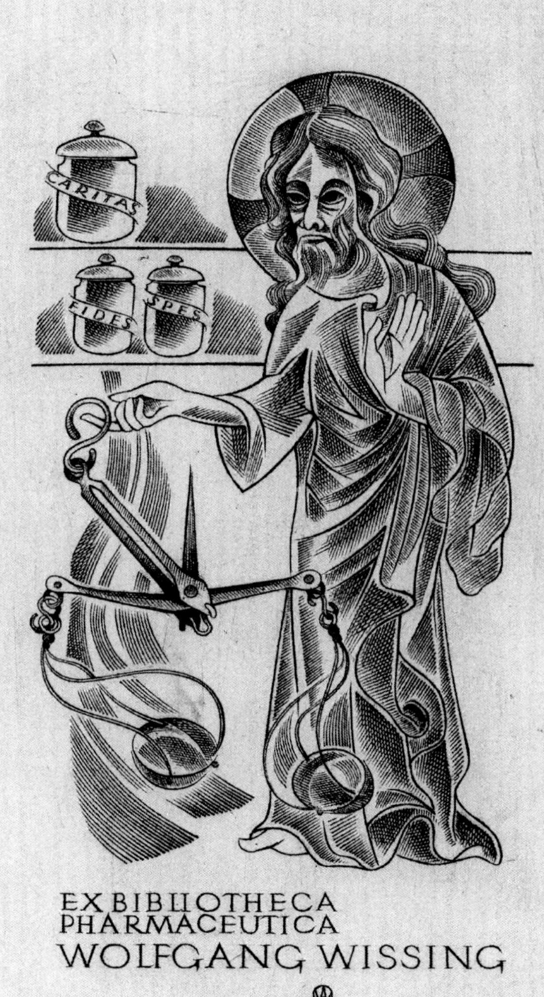

Abb. 12: Wojciech Jakubowski, Christus als Apotheker, Exlibris für Wolfgang Wissing, 2005.

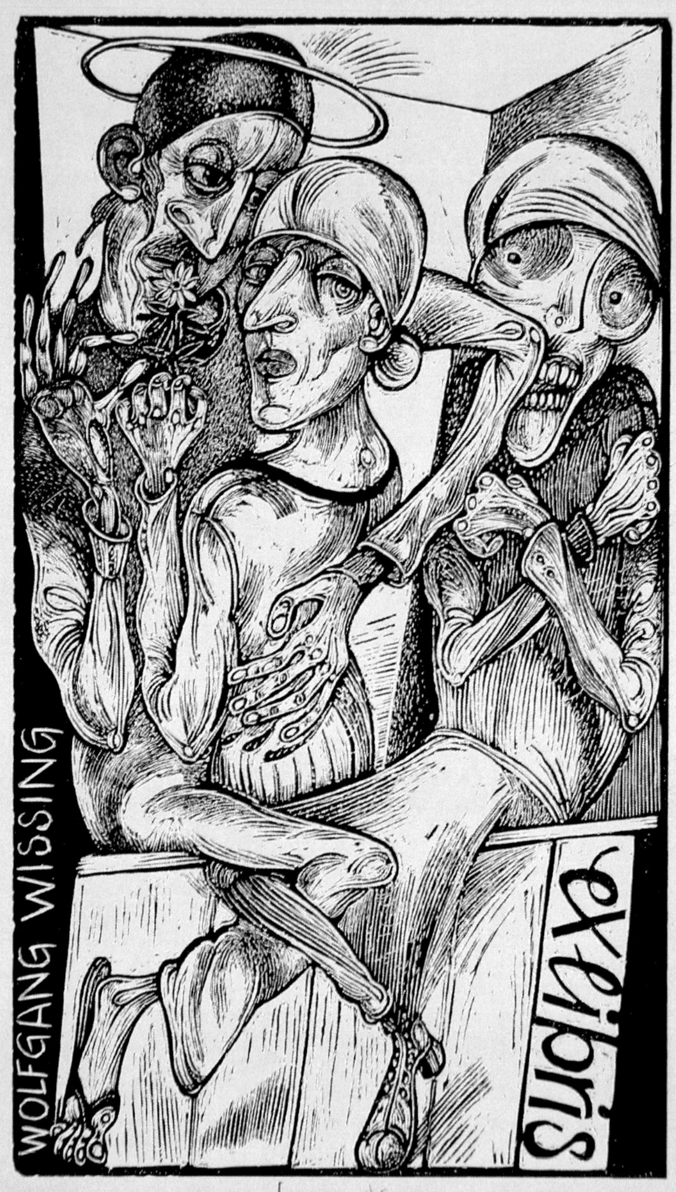
WOLFGANG WISSING
exlibris

beitsgerät, hatte jedoch auch eine christliche Bedeutung. Als religiöses Sinnbild taucht die sogenannte ‚Seelenwaage' in Verbindung mit dem Erzengel Michael üblicherweise in Darstellungen des Jüngsten Gerichts auf.[11] Bis zum heutigen Zeitpunkt ist sie ein Sinnbild, welches gerne in abgewandelter, zuweilen durchaus provokanter Form in den Exlibris zitiert wird.

Im Exlibris der Künstlerin Tatiana Skalko-Karlovska (geb. 1970) greift eine Hand aus der rechten, oberen Bildecke heraus eine Waage, deren Waagschalen ungewöhnlich beladen sind (Abb. 10). Gut und Böse stehen einander gegenüber und tragen einen offensichtlichen Kampf um deren Gewichtung aus. Die Künstlerin gibt dem Bösen die Gestalt eines bissigen, aggressiv-dämonisch anmutenden Insekts, das mit aller Kraft versucht, die Schale mit seinem Gewicht nach unten zu ziehen. Auf symbolischer Ebene kämpft das Wesen gegen den durch das Kruzifix visualisierten christlichen Glauben an und versucht das Gleichgewicht zu zerstören.

Der Künstler Wojciech Jakubowski (geb. 1967) wählt die Waage in seinem Kupferstich als elementaren Bestandteil der Szenerie (Abb. 12). Christus steht als Ganzfigur in einem Apothekenraum. Obwohl sich der Künstler einer sehr reduzierten Formensprache bedient, gelingt es ihm, den Raum, in dem sich Christus befindet, klar zu definieren. Alleine durch die Unterbringung von Gefäßen in der Regalwand hinter Christus und die Waage, die er in seiner Rechten hält, wird schnell deutlich, dass Christus in der Rolle des Apothekers Thema der Darstellung ist.

In jüngster Zeit sind interessante Neuschöpfungen und Umdeutungen des Motivs zu beobachten. So ließ sich Dr. Jadwiga Brzezinskie im Jahr 1996 von Krzysztof Kmiec (geb. 1950) ein Exlibris anfertigen, bei dem Maria anstelle von Christus zur Protagonistin wird (Abb. 11).

Abb. 13: Karl-Georg Hirsch, Christus als Apotheker, Exlibris für Wolfgang Wissing, 2009.

Karl-Georg Hirsch (geb. 1938), Professor der Leipziger Hochschule für Grafik und Buchkunst, schuf im Jahr 2009 für den Apotheker Wolfgang Wissing ein Exlibris (Abb. 13), das sich eines vollkommen neuen Ansatzes bedient. Der Verweis auf die Apotheke ist reduziert auf eine Heilpflanze und den Apothekentisch. Ausgewiesen durch seinen Nimbus steht der Heiland am linken Bildrand. In seinen Armen hält er eine Frau eng an sich gedrückt. Sein Ellbogen ist wie eine Waffe auf die ausgemergelte, hohläugige Figur am rechten Bildrand gerichtet, in der wir den personifizierten Tod erkennen. Noch deutlicher wird das Ringen um das Leben der Frau im Vordergrund des Blattes. Hier erblicken wir die im Kampf ineinander verschlungenen Beine von Christus und dem Tod. Wer schließlich gewinnen wird, deutet sich bereits an: Der Tod hat zitternd die Arme vor der Brust überkreuzt und das Gebiss weit aufgerissen. Die drei Figuren füllen das schmale Format sowohl in der Höhe als auch in der Breite aus – Jesu Kopf scheint sogar an die Decke zu stoßen. In Verbindung mit dem engen Körperkontakt der beiden Figuren im Vordergrund kommt beim Betrachter ein Gefühl der Beklemmung auf. Format, Komposition und Linienführung des Exlibris verstärken schließlich noch den Eindruck eines risikoreichen Moments, der über Leben und Tod entscheidet.

Das Motiv Christus als Apotheker hat, so scheint es, bis heute weder an Reiz noch an Aktualität verloren.

Johanna Fleischmann
und Stefanie Knöll

1 Klaus Bielau, Paracelsus – Philosophie und Heilkunde in zeitloser Aktualität, Birnbach 2010, S. 39.

2 Augustinus nennt Christus den ‚großen Arzt' (magnus medicus). Hieronymus spricht von Christus als dem einen, dem wahren Arzt, gleichsam einem ‚geistlichen Hippokrates' (verus solus medicus quasi spiritualis Hippocrates). Dazu: Fritz Krafft, Christus ruft in die Himmelsapotheke. Die Verbildlichung des Heilandsrufs durch Christus als Apotheker, Stuttgart 2002, S. 18-19.

3 Fritz Krafft, Eine neue Christus-als-Apotheker-Darstellung von Michael Herr. Überlegungen zur Herkunft des Bild-Motivs, in: Geschichte der Pharmazie (Beilage), 52. Jg. (April 2000), S. 1-15, hier S. 3.

4 Wolfgang Hagen-Hein, Christus als Apotheker. Bemerkungen zur Ikonographie dieses Motivs, in: Georg Edmund Dann (Hg.), Zur Geschichte der Pharmazie. Geschichtsbeilage der Deutschen Apotheker-Zeitung zugleich Mitteilungsblatt der Internationalen Gesellschaft für Geschichte der Pharmazie e. V., 18. Jg. (1966), S. 1-8, hier S. 3.

5 Krafft 2002, S. 22.

6 Werner Gaude, Die alte Apotheke, Eine tausendjährige Kulturgeschichte, Leipzig 1979, S. 85.

7 Fritz Krafft, Christus als Apotheker. Ursprung, Aussage und Geschichte eines christlichen Sinnbildes, Marburg 2001, S. 9.

8 Vgl. Abbildung und Katalogtext in: Krafft 2002, A-01, S. 136-139; Krafft 2000, S. 3.

9 Krafft 2002, S. 55-57.

10 Wolfgang Hagen Hein, Christus als Apotheker, Frankfurt am Main 1992, S. 7.

11 Engelbert Kirschbaum (Hg.), Lexikon der christlichen Ikonographie, 8 Bde., Rom u.a, 1968-76, Stichwort: Waage, Vierter Band, S. 475-476, hier S. 475.

Zum Wohle der Patienten

Zum Wohle der Patienten

Im Jahre 1921 schuf Andreas Paul Weber (1893–1980) ein Exlibris für den Arzt Dr. Friedrich Bonhoff (Abb. 14). Der seit 1912 als Chefarzt der chirurgischen Abteilung im evangelischen Krankenhaus Bethanien in Hamburg tätige Bonhoff (1883–1966) hatte selbst Medizin und Kunstgeschichte studiert.[1] Vermutlich lernte er A.P. Weber um 1920 kennen. Über dem Namen und Wappen des Bucheigners zeigt das Exlibris die Darstellung eines Arztes, der durch sein entschlossenes Auftreten den Sensenmann vom Bett einer Patientin vertreibt. Weber umgibt den Arzt mit einem strahlenden Licht gleich einer Aureole, die die Dunkelheit des Patientenzimmers vertreibt. Das Skelett flüchtet in die Dunkelheit und hat seine Augen abgewandt, als könne es den hellen Schein nicht ertragen. Dem Künstler gelingt durch diese klare Scheidung in Hell und Dunkel, in Gut und Böse, eine besondere Heroisierung des Arztes. Andreas Paul Weber schuf eine eindrückliche Darstellung des ärztlichen Kampfes gegen den Tod, die in ihrer Heroisierung des selbstlosen, stets zum Wohle seiner Patienten handelnden Mediziners typisch ist für die Exlibris des 20. Jahrhunderts.[2]

Darstellungen einer Begegnung zwischen Arzt und Tod haben eine jahrhundertelange Tradition. Bereits die frühesten bildlichen Totentänze des 15. Jahrhunderts beziehen den Arzt – meist attribuiert durch Doktorhut und Harnglas – mit ein. Totentänze sind Darstellungen, die in mehreren Szenen die Begegnung des Todes mit Vertretern unterschiedlichster gesellschaftlicher Gruppen vor Augen führen. Sie verdeutlichen, dass im Angesicht des Todes alle Menschen gleich sind und geistliche oder weltliche Macht und Reichtum nichts nützen.

Im berühmten Großbasler Totentanz (1440) hat der Tod dem Arzt das Weidenkörbchen entrissen, in dem traditionell das Harnglas für die Uroskopie transportiert wurde. Der Tod macht sich lustig über die ärztliche Tätigkeit, die ja doch den Tod nicht verhindern kann. Die Szene ‘Arzt und Tod’ in Niklaus Manuels 80 Jahre später entstandenem Berner Totentanz (1516–20) zeigt den Arzt in Ausübung der Harnschau. Er hält die Matula gegen die Sonne, um Farbe und Contenta zu prüfen.

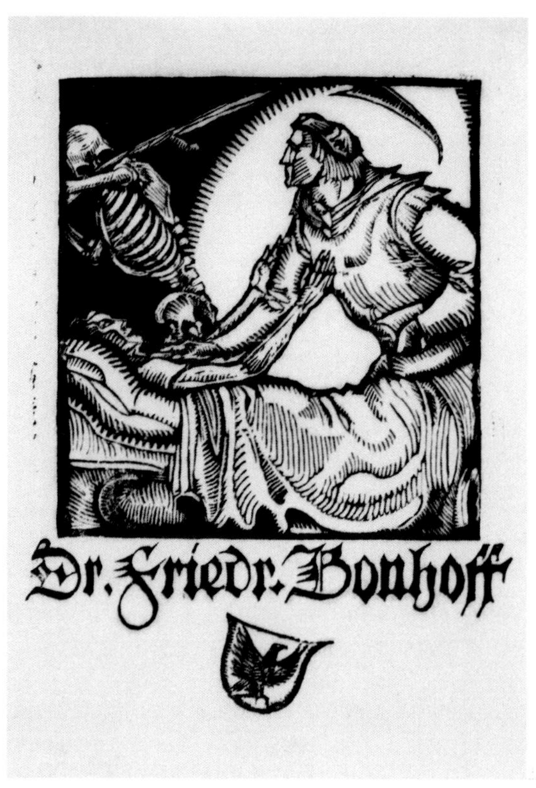

Abb. 14: Andreas Paul Weber, Exlibris für Dr. Friedrich Bonhoff, 1921.

In diesem Moment nähert sich der Tod von hinten und schlägt mit einem Knochen gegen das Glas. Mit einer raschen Handbewegung rafft der Arzt sein Gewand, damit es nicht nass wird. Die Untersuchung ist nun unmöglich geworden und das Wissen des Arztes als nutzlos entlarvt.

Kritisch verweisen auch die begleitenden Texte darauf, dass der Arzt nicht einmal sich selbst vor dem Tod retten kann. Wie könnte er also anderen Menschen helfen?[3] Waren die Darstellungen zunächst auf die beiden zentralen Figuren beschränkt, so führte Hans Holbein d.J. in der betreffenden Szene seiner überaus erfolgreichen *Bilder des Todes* (Erstausgabe 1538) erstmals einen Patienten in die Komposition ein. Diese Erfindung sollte breit rezipiert werden.

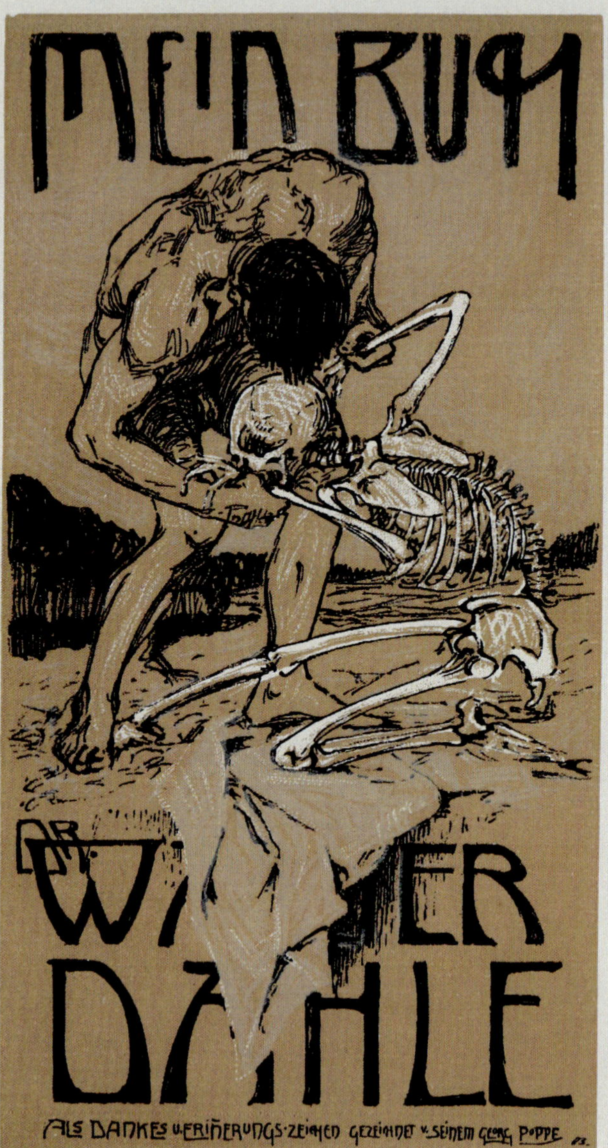
MEIN BUCH
DR WALTER
DAHLE
ALS DANKES U. ERIÑERUNGS·ZEICHEN GEZEICHNET V. SEINEM GEORG POPPE 03.

Ärzte sehen sich in ihrem Beruf auf Schritt und Tritt mit dem Tod konfrontiert. Und es ist kein Geheimnis, dass sie dabei nicht immer als Gewinner hervorgehen. Der Verlust eines Patienten, die Auseinandersetzung mit dem nicht mehr heilbaren Leiden, gehört leider ebenso dazu. Darin mag der Grund zu suchen sein, warum der Berliner Chirurg Prof. Dr. med. Werner Block im Laufe seines Lebens eine beeindruckende Sammlung zusammentrug, die sich den Themen Sterben, Tod und Totentanz widmete. Im Jahre 1976 für die Heinrich-Heine-Universität angekauft, bildet sie den Grundstock der inzwischen stark erweiterten Graphiksammlung „Mensch und Tod". Hier hat sich auch ein Exemplar des von Theo Ortner (1899–1966) für W. Block geschaffenen Exlibris erhalten, gemeinsam mit dem in beachtlichem Format ausgeführten Entwurf des Künstlers (Abb. 16).[4]

Der Verlust eines Patienten, die Hilflosigkeit und das Versagen der Ärzte sind Themen, die in der Kunst immer wieder begegnen.[5] Bedeutende Künstler wie James Ensor und Andreas Paul Weber haben ihre Kritik an Versagen und Geldgier der Ärzteschaft in eindrucksvoller Weise umgesetzt. Doch so zahlreich die Beispiele in der freien Graphik sind, so selten begegnen derartige Darstellungen auf Exlibris. Selbst wenn der Ausgang des Kampfes einmal offen gelassen wird, so sind die Exlibris-Blätter stets geprägt vom selbstbewussten Einsatz des Arztes gegen den Tod. Verwunderlich ist das kaum, werden diese doch von den Ärzten selbst in Auftrag gegeben. Interessant ist jedoch die deutliche Divergenz zwischen dem Selbstbild der Ärzte und dem Fremdbild, das in der freien Graphik aufscheint. Die Bucheignerzeichen sind somit eine hervorragende Quelle für das Selbstverständnis der Ärzte, die sich ganz offensichtlich dem Leitbild der kurativen Medizin verpflichtet sehen. Wenn der Patient vom Tod bedroht wird, so ist es die Pflicht des Arztes, das Leben zu retten und den Tod in die Knie zu zwingen. Genau das hat der muskulöse Mann auf dem 1903 entstandenen Dedikations-Exlibris Georg Poppes für Dr. Walter Dahle geschafft (Abb. 15). Man mag in der nackten männlichen Figur einerseits den Arzt sehen, dessen medizinisches Handeln einem Kampf ‚auf Leben und Tod' gleicht. Andererseits könnte die Figur, die in ihrer Lebendigkeit und Kraft stark mit dem zu Boden gegangenen Skelett kontrastiert, auch für das Leben an sich stehen. Das Leben hat hier noch einmal gesiegt.

Abb. 15: Georg Poppe, Exlibris für Dr. Walther Dahle, 1903.

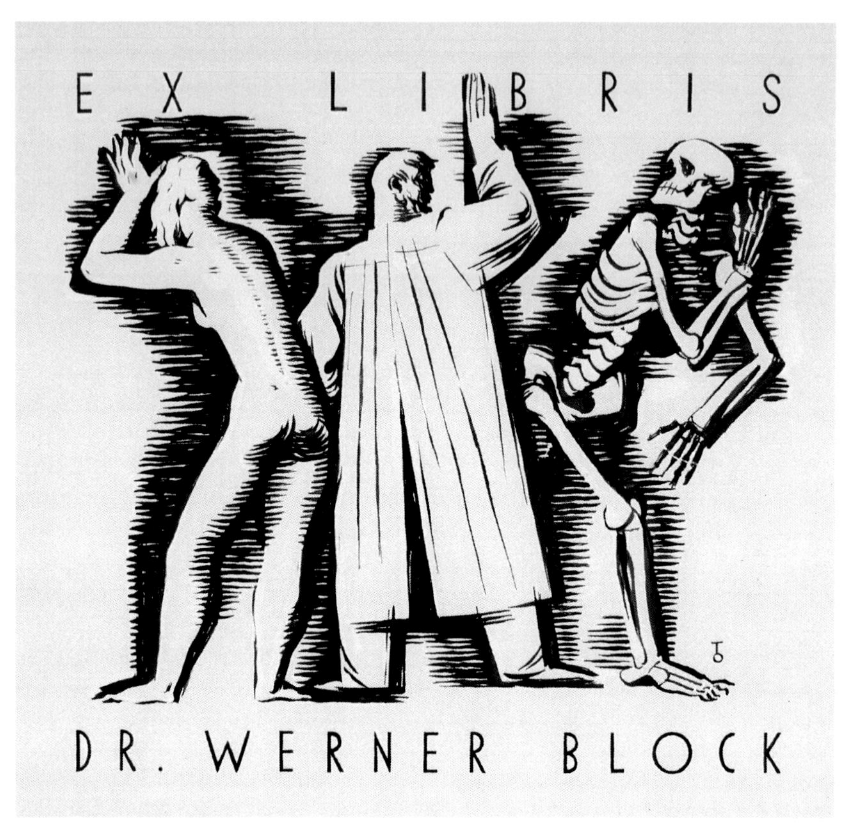

Abb. 16: Theo Ortner, Exlibris für Dr. Werner Block, 1936.

Abb. 17: Ottohans Beier, Exlibris für Dr. A. Bräuer, 1950er Jahre.

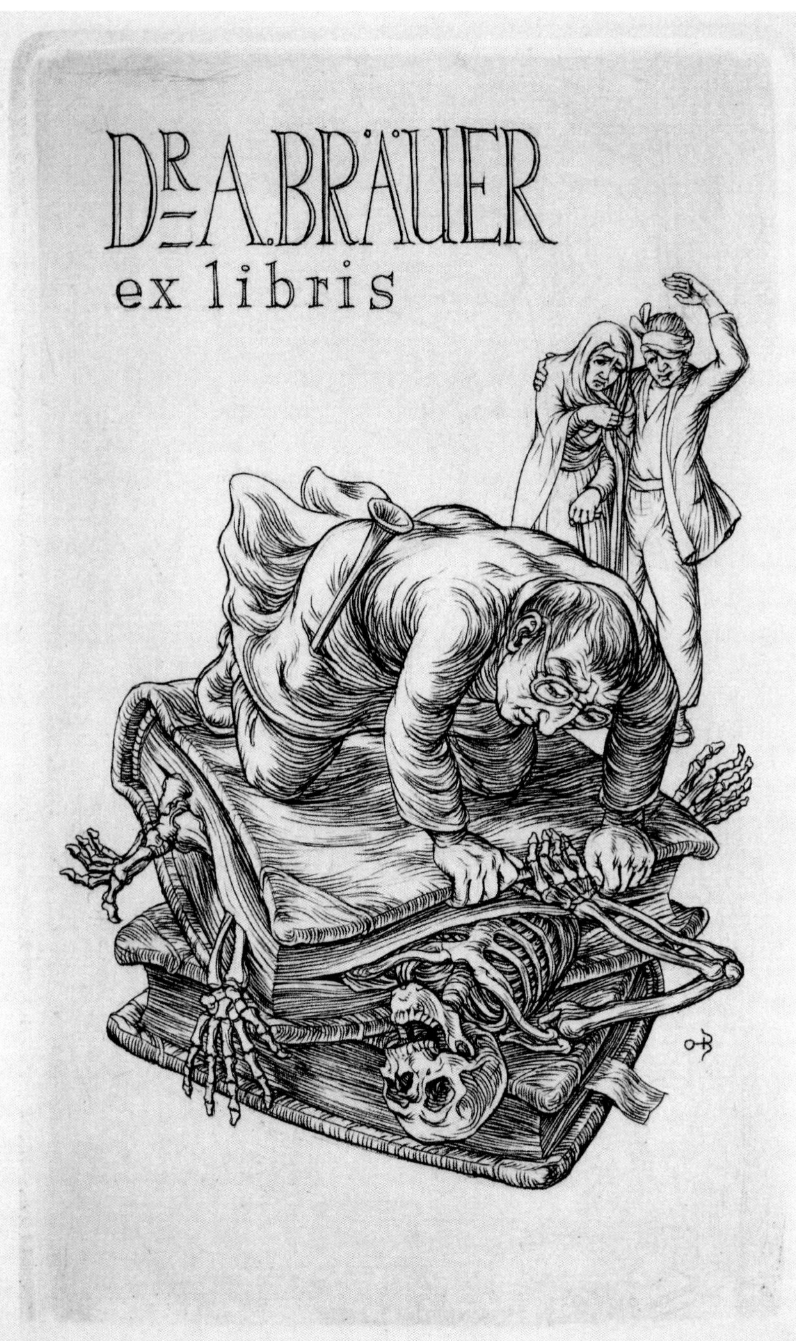
Dr A. BRÄUER
ex libris

Mit vollem Einsatz geht der Arzt auch in Ottohans Beiers (1892–1979) Exlibris für Dr. A. Bräuer gegen den Tod vor (Abb. 17). Der bekannte deutsche Kupferstecher lässt den Arzt sein Fachwissen – symbolisch dargestellt durch ein überdimensionales Buch – als Waffe gebrauchen. Sehr zum Vergnügen der im Hintergrund stehenden Patienten wird das Skelett zwischen den Seiten zerquetscht.

Neben den erwähnten Darstellungen eines offenen Kampfes zwischen Arzt und Tod finden sich auch solche, die vielmehr ein Tauziehen zwischen Arzt und Tod vor Augen führen. Beispielhaft sei hier Wilhelm Müllerzells (1894–1986) Exlibris für Dr. Hans Jäger genannt (Inv. Nr. E 0421.).[6] Die das Leben verkörpernde weibliche Figur auf dem Seil balanciert einen Schädelturm auf ihrem Kopf. Das menschliche Leben liegt ebenso wie das Seil in den Händen der beiden links und rechts dargestellten Figuren. Hier stehen sich der Knochenmann mit dem Stundenglas und der durch den Äskulapstab ausgewiesene Arzt als Antagonisten gegenüber.

Eine besonders originelle Darstellung des ärztlichen Kampfes gegen den Tod gelang dem Künstler Fritz Gilsi (1878–1961).[7] 1878 in Zürich geboren, wuchs der Sohn des Lithographen Hans Gilsi in Paris auf. Seine künstlerische Ausbildung erhielt er an der Kunstgewerbeschule Zürich und an der Zeichnungsschule für Industrie und Gewerbe in St. Gallen, wo er später selbst lehrte. Gilsis Exlibris für den St. Gallener Gynäkologen Dr. med. Paul Jung zeigt eine riesenhafte Gestalt, die an einem Seil Frauen zu sich heraufzieht (Abb. 18). Diese, zur Verdeutlichung ihrer Hilfsbedürftigkeit unbekleidet dargestellten Geschöpfe, werden am linken unteren Bildrand vom Sensenmann bedroht. Doch sie werden keinesfalls verzweifelt und hilflos ihrem Schicksal überlassen. Zwei der Frauen befinden sich bereits in Sicherheit auf Knie und Fuß des muskulösen und riesenhaften Retters, in dem wir den heroischen Arzt erkennen dürfen.

Zum Wohle seiner Patienten wächst der Arzt regelrecht über sich selbst hinaus und kämpft mit heldenhaftem Mut und übermenschlicher Kraft. Durch übernatürliche Größenverhältnisse und den gezielten Einsatz von Licht und Schatten wird der Arzt in der Exlibriskunst gerne zum Helden und göttlich unterstützten Heiler stilisiert.

Stefanie Knöll

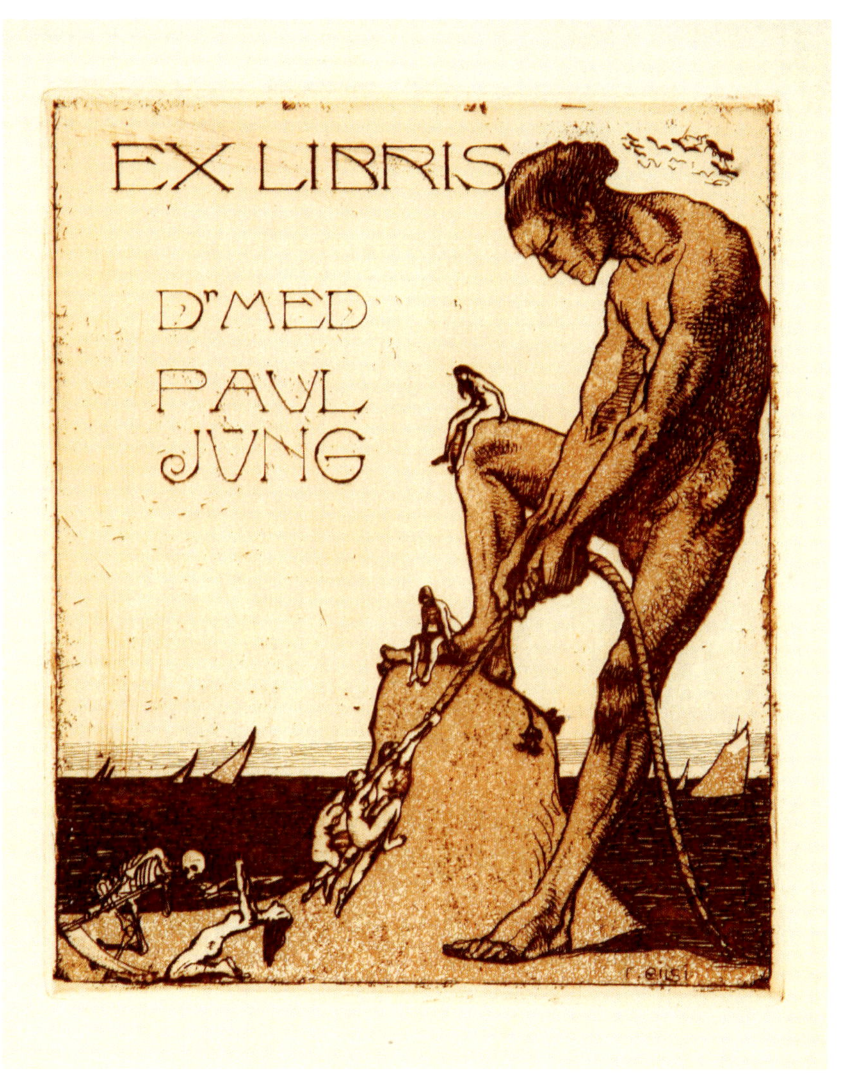

Abb. 18: Fritz Gilsi, Exlibris für Dr. med. Paul Jung, vor 1915.

1 Helmut Schumacher, A. P. Weber. Werkverzeichnis der Exlibris, Lübeck 1987, Nr. 160.

2 Zu Ärzte-Exlibris u.a.: Gerhard Kreyenberg (Hg.), Exlibris für Ärzte, Köln 1983; Gernot Blum, Exlibris für Ärzte vom 16. Jahrhundert bis zur Gegenwart, Bonn 1983; Gernot Blum, Der Tod im Exlibris, Wiesbaden 1990, bes. S. 216ff.

3 Zum Arzt im Totentanz und der dort aufscheinenden Arztkritik: Daniel Schäfer, ‚Gegen den Tod gibt es kein Kraut'. Arzt und Tod im Totentanz und in der spätmittelalterlichen Medizin, in: Andrea von Hülsen-Esch und Hiltrud Westermann-Angerhausen mit Stefanie Knöll (Hg.), Zum Sterben schön! Alter, Totentanz und Sterbekunst von 1500 bis heute, Regensburg 2006, S. 156–166, bes. S. 158–159.

4 Eva Schuster, Mensch und Tod. Graphiksammlung der Universität Düsseldorf, Düsseldorf 1989, Nr. 672-673, S. 233-234.

5 Dazu u.a.: Alfred Scott Warthin, The physician of the Dance of Death, in: Annals of Medical History, new series, vol. II, S. 351-371, S. 453-469, S. 697-710, und vol. III, S. 75-109, S. 134-165. Werner Block, Der Arzt und der Tod in Bildern aus sechs Jahrhunderten, Stuttgart 1966, bes. S. 158–187; Hans Schadewaldt, Totentanz und Heilberufe, in: Jahrbuch der Universität Düsseldorf 1980/81, Düsseldorf 1981, S. 171-184; Sandra Abend, Götter in Weiss. Arztmythen in der Kunst, zur Ausstellung im Wilhelm Fabry Museum Hilden 2010, Hilden 2010.

6 Eva Schuster, Mensch und Tod. Graphiksammlung der Universität Düsseldorf, Düsseldorf 1989, Nr. 637, S. 220.

7 Eva Schuster, Mensch und Tod. Graphiksammlung der Universität Düsseldorf, Düsseldorf 1989, Nr. 256, S. 89.

Die schöne Antagonistin des Todes

Die schöne Antagonistin des Todes

Im gesamten graphischen Werk Alois Kolbs (1875–1942) steht der Akt im Mittelpunkt, und so wundert es nicht, dass der Künstler auf einem zu Beginn des 20. Jahrhunderts entstandenen Exlibris für den Anatomen Dr. Robert von Toeply eine junge nackte Frau in das Bildzentrum rückt (Abb. 19). Er verweist derart nicht nur auf die beruflichen Interessen des Bucheigners, sondern greift zugleich die traditionelle Symbolik der Frau als das fruchtbare Leben auf.

Die junge Frau hält in ihrer über den Kopf erhobenen linken Hand einen den Ruhm symbolisierenden Lorbeerzweig, während sie in ihrer geöffneten Rechten auf Brusthöhe zwei Schmetterlinge aufzufangen scheint. Als Verbildlichung der Auferstehung betonen diese den Triumph des Lebens über den Tod. Der Umstand, dass die Frau auf einem Affen- und gerade keinem Menschen-Schädel steht, eröffnet darüber hinaus die Möglichkeit einer Deutung im Sinne der Evolution. Auf dem Gipfel der Entwicklung, über den Affenschädel triumphierend, wird die Frau gezeigt. Diese Konstellation kann als Verweis auf die Kontinuität des menschlichen Lebens über den Tod des Einzelnen hinaus gelesen werden.[1] Am rechten Bildrand der kleinteiligen graphischen Arbeit erscheint ein stilisiertes Insekt mit ausgebreiteten Flügeln, welches – deutet man es als Skarabäus[2] – in seiner Bedeutung als ägyptisches Symbol des ewigen Werdens die Deutung der jungen Frau als Personifikation des Lebens und der Reproduktionsfähigkeit unterstützt.[3]

Natürlicherweise ist es der Tod, welcher das Leben bedroht. Und eben dieser ist es, der in der Kunst, meist durch einen skelettierten oder verwesenden Körper personifiziert, als Gegenspieler der jungen Frau auftritt. Das Aufeinandertreffen des Todes und einer oftmals nackten, „vor Lebenswillen strotzende[n]“[3] jungen Frau ist gerade in der Exlibriskunst sehr beliebt. Als ein wiederkehrendes Thema des 20. Jahrhunderts verweist die Begegnung des Todes mit einer jungen Frau auf die unweigerliche Vergänglichkeit des Lebens.

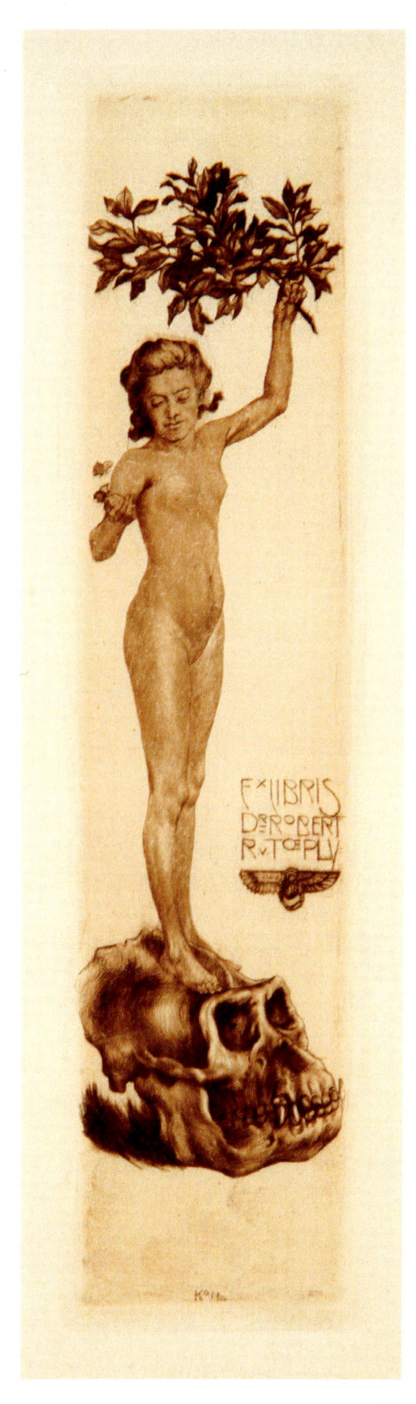

Abb. 19: Alois Kolb, Exlibris für
Dr. Robert v. Toeply,
Anfang 20. Jahrhundert.

Fritz Bötel (1896–1984), ein besonders für sein Exlibriswerk bekannter Künstler, zeigt in seiner für Dr. med. Rodt erstellten Graphik das Zusammentreffen von Tod und junger Frau (Inv.Nr. E 0060.). Der Tod, riesenhaft und mit über die Schulter gelegter Sense, schreitet in großen Schritten durch eine weite Sumpflandschaft. Im Vordergrund ist auch hier eine junge nackte Frau zu sehen. Unter einer Trauerweide am linken Bildrand, die sich ebenso wie die übrigen Elemente durch eine flüchtige Strichführung auszeichnet, sitzt sie mit stark nach hinten gelehntem Oberkörper an einem Ufer. Ihren Blick auf das Wasser gerichtet nimmt sie das aus dem Hintergrund herantretende Skelett trotz seiner Größe nicht wahr.[4]

Die ästhetischen Vorzüge der Abbildung einer nackten, schönen jungen Frau auf einem Exlibris sind weder für den Bucheigner, noch für Betrachter oder Sammler zu verachten.[5] Besonders in den 20er Jahren des 20. Jahrhunderts wird der „Tod eher als Staffage zu eigentlich gewollten weiblichen Akten“[6] gezeigt. Durch die Fokussierung auf die Frauengestalt und die Zurücknahme der ihr zur Seite gestellten Gegenstände verliert auch die Vanitas-Ermahnung an Bedeutung. In anderen Exlibris-Graphiken hingegen erscheint die Frau häufig im Sinne des Vanitas-Gedankens mit einem Spiegel, der darauf verweist, dass die eitle Bespiegelung des Schönen im Angesicht des Todes nutzlos wird.[7] Zugleich zeichnet sich die Frau in der Selbstbespiegelung durch das Vernachlässigen des Nächsten als sündig aus, indem sie entgegen der göttlichen Forderung handelt.

Ihren Ursprung hat die Zusammenführung von Tod und junger Frau im Tod-und-Mädchen-Motiv. In der Entwicklung des Sujets kommen unterschiedliche Bildtraditionen zusammen.[8] Seit dem 15. Jahrhundert wird in monumentalen Totentänzen der Frau der personifizierte Tod zur Seite gestellt. In ausladenden Gewändern, mit Attributen ihres Standes, Berufes oder Alters versehen, nehmen sie die Erscheinung des meist tänzelnden Knochenmannes gelegentlich neutral, oftmals jedoch in abwehrender Haltung wahr. Zu Beginn des 16. Jahrhunderts aber ist ein Wandel in der Darstellung der Frau in Todesnähe zu bemerken. Niklaus Manuel, dessen bekanntestes Werk der Berner Totentanz aus den Jahren 1516–1520 ist, formuliert in einer kleinen, etwa zeitgleich mit dem monumentalen Wandgemälde entstandenen Zeichnung die Begegnung eines Mädchens mit dem Tod in einem anderen Licht. Er zeigt ein im Vordergrund stehendes Mädchen, dessen weibliche Reize bewusst betont sind. Der als Knochenmann dargestellte Tod beugt sich zu ihr, greift ihr unter den bereits hochgezogenen Rock und scheint sie auf den Mund zu küssen, während ihm nun keine Abneigung entgegengebracht wird, sondern seine Berührungen vielmehr genossen werden.

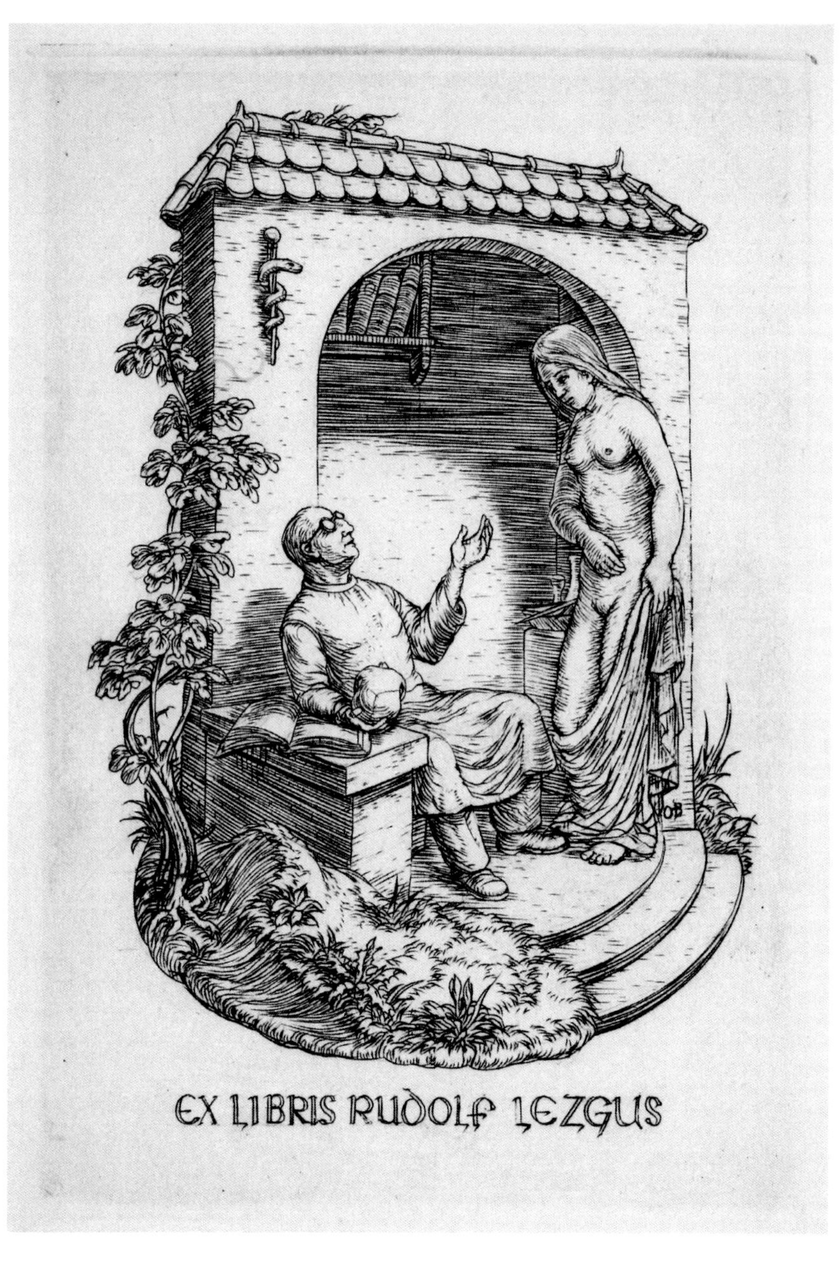

Abb. 20: Ottohans Beier, Exlibris für Rudolf Lezgus, 1965.

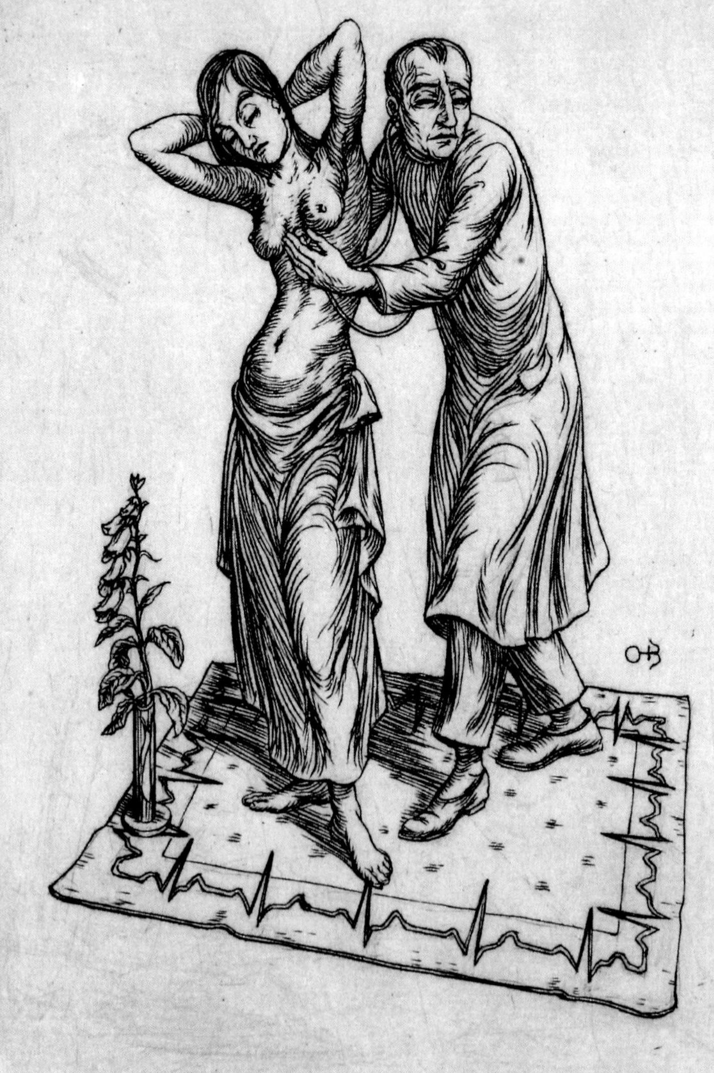
EX LIBRIS
NORMAN SHAFTEL

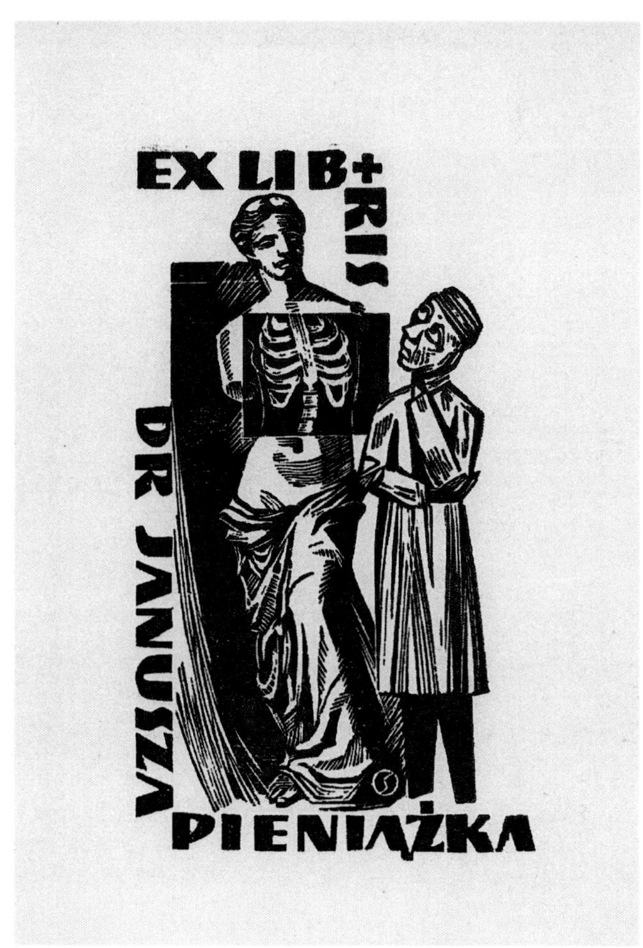

Abb. 22: Jan Standa, Exlibris für Dr. Janusz Pieniazki,1966.

Abb. 21: Ottohans Beier, Exlibris für Norman Shaftel, 1963.

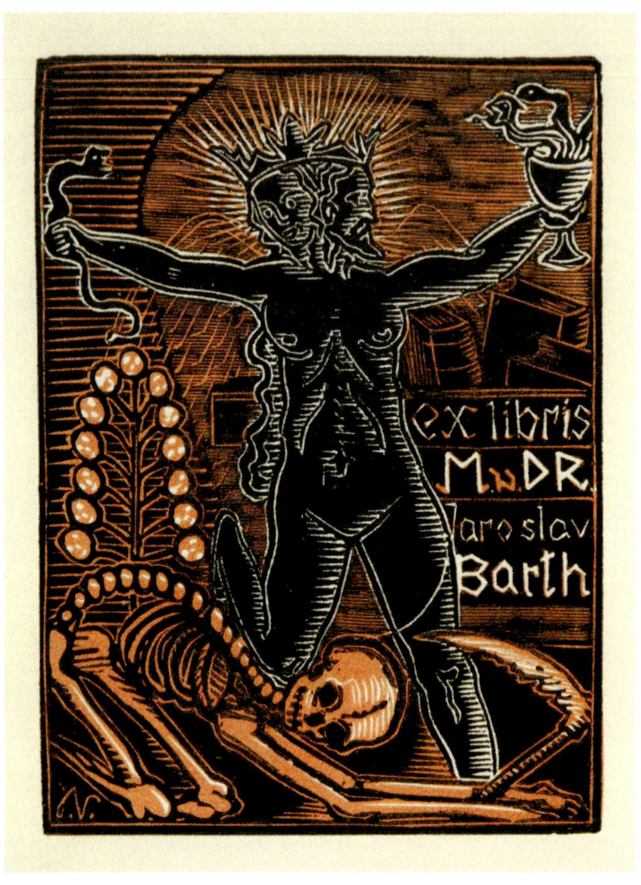

Abb. 23: Joséf Váchal, Exlibris für Dr. Jaroslav Barth, 20. Jahrhundert.

Diese bildliche Isolation des Motivs führt zu einer erotischen Aufladung des Sujets, die neuartige Deutungen zulässt.[9] Das außerhalb der Exlibrisdrucke seit Jahrhunderten bekannte Motiv des Todes breitet sich in der Kunst der ärztlichen Bucheignerzeichen im 20. Jahrhundert erst raumgreifend aus.[10] Es sind gerade Ärzteexlibris, welche durch die Einführung des medizinischen Blickwinkels eine Erweiterung des Themas bewirken. Meist kommt zum Todessujet ein symbolischer oder konkret dargestellter Bezug zur Tätigkeit des Arztes hinzu. Während medizinische Instrumente auf die Praxis oder Spezifizierung des Mediziners verweisen, tritt durch die bildliche Einführung eines Patienten ein weiterer Aspekt hinzu. Interessanterweise handelt es sich meist um eine Frau, die von dem Arzt behandelt wird. Natürlich bietet die Situation, in der sie sich befindet, eine Legitimation zur Darstellung eines weiblichen Aktes. Zugleich sehen wir den Arzt als aktiven Retter einer hilflosen Frau und ambitionierten Kämpfer gegen Krankheit und Tod. Wie dieser Kampf ausgeht wird in den Bildwerken nicht immer aufgeklärt, doch ist die letztliche „Ohnmacht aller menschlichen Bemühungen gegenüber dem Tode“[11] eine Tatsache, mit der sich besonders Mediziner konfrontiert sehen.

Bei Ottohans Beier (1892–1979) handelt es sich um einen Künstler, der eine Vielzahl von Exlibris für Ärzte schuf. In seinem 1965 entstandenen Kupferstich, dem Exlibris für Rudolf Lezgus, zeigt er vor einer bühnenhaften, mit Pflanzen bewachsenen Raumnische eine klassische Praxissituation (Abb. 20). Der Mediziner, bezeichnenderweise unter einem Äskulapstab und einem Bücherregal sitzend, betrachtet zurückgelehnt seine Patientin. Diese steht, leicht nach vorne gebeugt, vor ihm. Ihren Körper entblößt sie, indem sie ein Tuch entlang ihrer Beine zu Boden fallen lässt. Mit gesenktem Kopf blickt sie auf den Arzt, der seinen linken Arm zu ihr erhoben hat. In seiner rechten Hand hält er einen Schädel. Somit tritt der Aspekt des Todes in diesem Falle nicht als Personifikation in das Bild, sondern in Form des traditionellen Vanitas-Symbols. Zwar ließe sich der Schädel auch als spezifisches Berufsmerkmal des Arztes deuten, doch darf der den Arzt umgebende Lichtkreis nicht übersehen werden, der eine Auslegung als vorübergehenden Sieg des Mediziners über den Tod und die Genesung der jungen Patientin nahe legt.[12]

Auch in seinem Exlibris für Norman Shaftel setzt Beier die schöne junge Patientin prominent ins Bild (Abb. 21). Das im Jahre 1963 entstandene Blatt zeigt einen Arzt, der, von hinten an seine Patientin herantretend, diese mit dem Stethoskop an ihrem entblößten Oberkörper abhört. Mit hinter den Kopf geführten Armen und geschlossenen Augen scheint die junge Frau die medizinische Untersuchung beinahe zu genießen. Dabei fällt auf, dass sie in ihrer Haltung einem klassischen Akt ähnelt. Jan Standa führt diese Idee noch weiter fort und stellt dem Arzt in seinem Exlibris für Dr. Janusz Pieniazki die Venus von Milo als Patientin zur Seite (Abb. 22). Arzt und Patientin stehen im Exlibris für Norman Shaftel auf einer Matte, deren Kanten mit einem Kardiogramm versehen sind. Die Frau ist als Symbol des Lebens zu betrachten, deren Vitalität in diesem Falle durch die Verbildlichung ihrer Herzfrequenz ausgedrückt wird. Bei dem auftraggebenden Norman Shaftel handelt es sich um einen New Yorker Mediziner, der zu Lebzeiten eine umfassende kardiologische Bibliothek zusammengetragen hatte.[13] Somit spiegelt das Motiv des Exlibris das Interesse des Bucheigners wider. Möglicherweise war dieses Exlibris gerade für seine kardiologischen Bücher gedacht. Bemerkenswert ist, dass das Langzeit-EKG erst etwa zehn Jahre vor der Entstehung dieses Stiches – in den 50er Jahren des 20. Jahrhunderts – eingeführt worden war und die Kardiologie in Deutschland mit dem Ende des Zweiten Weltkrieges „chefarztfähig wurde".[14] Der technische Fortschritt der Medizin wird somit in der Kunst des Exlibris aktuell thematisiert.

Das in Ärzteexlibris nicht selten auftretende Thema des Kampfes zwischen Arzt und Tod um das Leben einer jungen Frau wird auch von Heinrich Seufferheld (1866–1940) aufgegriffen, jedoch wird der Arzt hier durch eine weibliche Personifikation der Medizin ersetzt. Mit seinem Exlibris für Dr. med. A. W. Pietzcker aus dem Jahre 1915 zeigt der Künstler eine außergewöhnliche Umsetzung des medizinischen Kampfes gegen den Tod.[15] Eine aktiv mit dem Tode ringende Frau in diesem Exlibris kann durch das Attribut der Schlange eindeutig als Hygieia, die Verkörperung der Medizin, angesehen werden.

Ähnlich gestaltet Joséf Váchal (1884–1969) das Verhältnis von Tod und Medizin im Exlibris für Dr. Jaroslav Barth (Abb. 23). Die im Bildzentrum stehende und den Tod zu Boden drückende Frauengestalt wird auch hier durch die sich aus einem Becher windenden Schlangen als die personifizierte Medizin ausgezeichnet. Zudem weist die Doppelköpfigkeit der Gestalt auf Hygieia und ihren Vater Asklepios als Vertreter der Heilkunst hin.

Offenbar ist es gerade der sinnlich-fruchtbar gezeigte weibliche Körper, der die Exlibriskünstler und -sammler in besonderer Weise fasziniert. Nicht nur ist eine junge entkleidete Frau ein schönes Bildmotiv, zugleich versinnbildlicht sie das blühende Leben, das stetig vom seinem Antagonisten, dem Tode, bedroht wird und ihm trotz des ärztlichen Einsatzes ausgeliefert ist. Dabei ist es gerade die Hilflosigkeit der Frau, die den Arzt zu einem Helden macht. Dies ändert sich, wenn die junge Frau als Personifikation der Heilkunst selbst den Kampf gegen den Tod aufnimmt.

Sabrina Pompe

1 Zu Tod und Evolution vgl. Gert Kaiser, Der Tod und die schönen Frauen. Ein elementares Motiv der europäischen Kultur, Frankfurt/New York 1995, S. 11-15.

2 Bereits Eva Schuster verweist 1989 im Bestandskatalog der Graphiksammlung 'Mensch und Tod' der Universität Düsseldorf auf die Möglichkeit einer solchen Deutung: Eva Schuster, Mensch und Tod. Graphiksammlung der Universität Düsseldorf, Düsseldorf 1989, S. 166.

3 "Der Skarabäus galt als Symbol des ewigen Werdens, der Urzeugung, weil man glaubte, er zeuge sich in der von ihm gerollten Kugel selbst und diese Kugelform wiederum verband ihn mit dem Sonnenball." (Eberhard Otto, Götter und Tempel, in: Kurt Lange und Max Hirmer (Hg.), Ägypten, München 1978, S. 31-42, hier S. 31).

4 Es stellt sich die Frage, weshalb in diesem Exlibris, das für einen Mediziner erstellt wurde, kein Arzt in das Bild gesetzt wird, obwohl doch gerade er – wie es auch in anderen weiter unten angeführten Graphiken dargestellt wird – eine mittelnde Rolle zwischen Leben und Tod einnimmt. Soll hier sogar indirekt auf die Machtlosigkeit des Arztes verwiesen werden?

5 So ist die Darstellung des weiblichen Aktes, gezeigt in zahlreichen Variationen, ein äußerst willkommenes Thema in der Exlibriskunst. Gelegentlich sind diese Graphiken nahe den erotischen Exlibris einzuordnen. Siehe dazu: Gernot Blum, Die Kunst des erotischen Exlibris, Wiesbaden 1986.

6 Blum 1990, S. 16.

7 Dazu: Bettina Spoerri, Die Spiegelmetapher und das Spiegelbild in den Totentänzen von 1400 bis zur Mitte des 18. Jahrhunderts. Ein historischer Abriss, in: Markus Wenninger (Hg.), du guoter tôt. Sterben im Mittelalter – Ideal und Realität, S. 157-179, hier S. 162.

8 Stefanie Knöll, Zur Entstehung des Motivs 'Der Tod und das Mädchen', in: Andrea von Hülsen-Esch und Hiltrud Westermann-Angerhausen in Zusammenarbeit mit Stefanie Knöll (Hg.), Zum Sterben schön. Alter, Totentanz und Sterbekunst von 1500 bis heute, 2 Bde., Regensburg 2006, Bd. 1, S. 63-75, hier S. 68 ff.

9 Gert Kaiser, Ist die Frau stärker als der Tod?, in: Ute Jung-Kaiser (Hg.), ...das poetischste Thema der Welt?, Bern 2000, S. 119-140, hier S. 122.

10 Blum 1990, S. 19.

11 Hans Laut, Exlibris-Kunst aus dem deutschsprachigen Gebiet, Berlin 1955, S. 86.

12 Auf diese Deutung weist bereits der Kommentar Ingrid Hailers, der Tochter des Künstlers, über besagtes Exlibris: „Bedeutet der Lichtkreis um den Arzt mit Schädel echte Hoffnung für die Patientin?" (Schriftliche Kommunikation mit der Graphiksammlung "Mensch und Tod").

13 Vgl. The Cardiology Library of the late Norman Shaftel, M. D. Sale 1899 – May 24, 2001, New York 2001. Shaftel selbst war Verfasser sowohl kardiologischer als auch medizinhistorischer Bücher und Artikel, wie etwa: Norman Shaftel, et.al., Work-Stressor Tests and Coronary Disease, in: Angiology, 13, no. 10, 1962. Interessanterweise entstand ein Jahr nach diesem Aufsatz Beiers Exlibris.

14 Berndt Lüderitz, Der Aufschwung der Herz-Kreislauf-Forschung. Das Elektrokardio gramm (EKG) und die Entwicklung der Kardiologie in den letzten 100 Jahren, in: Heinz Schott, Meilensteine der Medizin, Dortmund 1996, S. 431-437, hier S. 431. Zur Geschichte des EKG vgl. auch: Cornelius Borck, Herzstrom. Zur Dechiffrierung der elektrischen Sprache des menschlichen Herzens und ihrer Übersetzung in die klinische Praxis, in: Volker Hess (Hg.), Normierung der Gesundheit. Messende Verfahren der Medizin als kulturelle Praktik um 1900, Husum 1997, S. 65-86.

15 Werner Block, Der Arzt und der Tod in Bildern aus sechs Jahrhunderten, Stuttgart 1966, S. 72.

Medizin gegen den Tod?

Medizin gegen den Tod?

Eine klare Unterscheidung zwischen Apotheker und Arzt wurde erstmals im sogenannten *Liber Augustalis* (1231–um 1241) gesetzlich überliefert.[1] Wenn auch nur für das Königreich Sizilien gültig, schuf Friedrich II. damit eine Gesetzgebung, die wegweisend werden sollte für ganz Europa. Die Verordnung verbot Ärzten den Besitz und die Beteiligung an einer Apotheke. Die beiden Berufe sollten fortan voneinander getrennt sein.[2] Darüber hinaus wurden jene Tätigkeiten geregelt, die dem Apotheker zugewiesen waren, wie die Herstellung, die Aufbewahrung und der Verkauf von Medikamenten. Während der Arzt sich also auf die Untersuchung von Patienten und die Diagnose von Krankheiten konzentriert, fertigt der Apotheker das heilsame Medikament. Sehr häufig kamen dabei Wirkstoffe aus fremden Ländern zum Einsatz wie auch Arzneimittel, die aus magischen Quellen wie den angeblichen ‚Einhörnern' gewonnen wurden. Historische Darstellungen eines Apothekeninnenraums vermitteln einen Eindruck von der geheimnisvollen und exotischen Ausstrahlung der Apotheken.[3] Barbara Ruppel hat die Faszination dieser Apotheken, die an zeitgenössische Kunst- und Wunderkammern erinnern, in denen der Makrokosmos mit all seinen wundersamen Erscheinungen widergespiegelt wurde, in ihrem Exlibris für Wolfgang Wissing eingefangen (Abb. 25). Von der Decke hängende ausgestopfte Krokodile und Schlangen dienten vielfach als 'Aushängeschild'.

Der Trennung der Tätigkeiten entsprechend wurde dem Arzt in bildlichen Darstellungen das traditionelle Diagnoseinstrument, ein Harnglas für die Uroskopie, zugeordnet, während dem Apotheker meist ein zur Herstellung von Medikamenten eingesetzter Mörser beigegeben wurde. Noch heute finden sich traditionelle Attribute wie Mörser, Apothekengefäße, Heilpflanzen und Schlange vielfach auf Exlibris-Blättern für Apotheker verewigt (Abb. 24 und 26).[4] Zuweilen finden sich auf aktuelleren Graphiken auch andere Attribute. So zeigt das von Andreas Raub (geb. 1967) geschaffene Exlibris für Evelyn Wissing ein Pillenbrett (Abb. 27). In seiner ruhigen Konzentration auf Handwerkszeug und Pil-

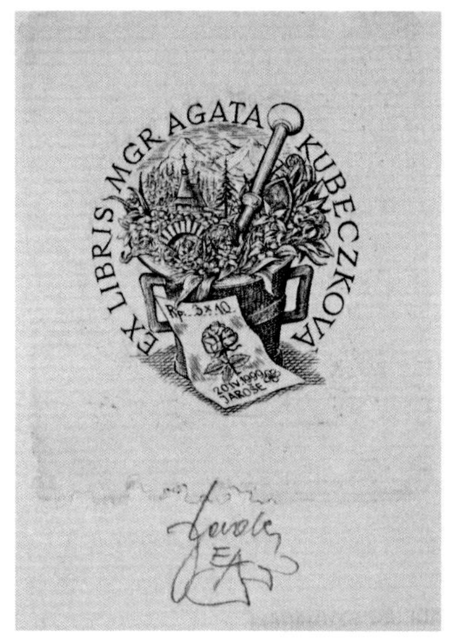

Abb. 24: Tadeusz Szumarski, Exlibris für Agata Kubeczkova, 2000.

Abb. 25: Barbara Ruppel, Exlibris für Wolfgang Wissing, 2005.

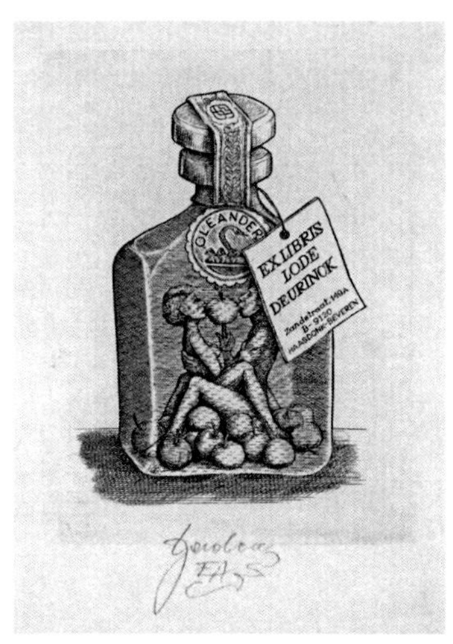

Abb. 26: Tadeusz Szumarski, Exlibris für Lodewijk Deurinck, 1997.

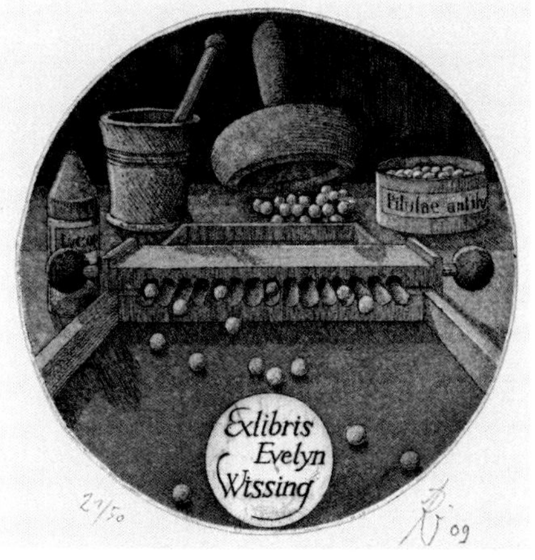

Abb. 27: Andreas Raub, Das Pillenbrett, Exlibris für Evelyn Wissing, 2009.

len wirkt das Blatt wie eine Elegie auf die immer weiter zurückgedrängte Tätigkeit des Apothekers, eigene Arzneimittel zu erzeugen.

Bei aller Macht der Medizin verdeutlicht bereits der alte Spruch „Contra vim mortis, nulla herba in hortis“ (Gegen den Tod ist kein Kraut gewachsen) aus dem Salernitanischen Lehrgedicht die Grenzen der pharmazeutischen Kunst. Folglich wird im sogenannten Heidelberger Blockbuch (um 1460)[5] wie auch im 1626–1635 von Kaspar Meglinger (1595–1670) geschaffenen Totentanz auf der Luzerner Mühlenbrücke der Apotheker vom Tod zu seinem Tanz gerufen.[6] Zahlreiche Apotheker-Exlibris[7] stehen in dieser Totentanz-Tradition. Nur selten scheint ein Apotheker ein Bucheignerzeichen in Auftrag gegeben zu haben, das ihn als Bezwinger des Todes ins Bild setzt.[8]

In dem Exlibris, das die in Erfurt lebende Künstlerin Anya Triestram (geb. 1977) für Wolfgang Wissing geschaffen hat, ist der Apotheker gerade mit Mörser und Pistill zu Gange, als der Tod sich ihm nähert (Abb. 28). Das vor schwarzem Grund dargestellte Skelett steht dabei in starkem Kontrast zu dem nur in Konturen gezeichneten, die helle Farbe des Papiers für sich beanspruchenden Apotheker. Die Positionen sind damit deutlich zum Ausdruck gebracht. Dem guten, sich für Heilung einsetzenden Apotheker nimmt der Knochenmann das Pistill aus der Hand.

Diese Nutzlosigkeit der Medikamente im Kampf gegen den Tod bringt auch Bettina Haller in ihrem 2009 entstandenen Acrylstich zum Ausdruck (Abb. 29). Die 1971 geborene Künstlerin und Meisterschülerin des Leipziger Professors Karl-Georg Hirsch betreibt gemeinsam mit zwei Kolleginnen in Chemnitz die Druckwerkstatt Sonnenberg-Presse. Das Exlibris zeigt den Bucheigner Wolfgang Wissing hinter der Theke seiner Apotheke stehend. Düster steht der Tod mit seiner Sense vor ihm. Der Apotheker weiß ihm nichts entgegenzusetzen. Die zerbrochene Medizinflasche auf dem Boden wirkt wie ein Zitat des Spruches ‘Gegen den Tod ist kein Kraut gewachsen’. Doch Haller führt in diese ausweglose Situation ein sehr persönliches Element ein: den treuen Mops Darwin, der seinen Herrn furchtlos gegen Gevatter Tod verteidigt.

Ina Fiebigs (geb. 1977) ebenfalls für Wolfgang Wissing geschaffener Linolschnitt führt den Einsatz des treuen Mopses zu einem bizarren Ende (Inv.Nr. E 1030). Der Hund hat den Tod verjagt und sich gleich selbst dafür belohnt. Der Knochen, den er im Maul hat, wurde dem davon eilenden Knochenmann abgenommen.

Der Zweifel an der Wirksamkeit der Medizin gegen den Tod ist alt. Ab dem Ende des 18. Jahrhunderts begegnen in der Kunst jedoch auch Darstellungen, die weit über den Vorwurf der Nutzlosigkeit hinausgehen, indem sie den Medikamenten nachsagen, sogar Schaden zuzufügen. Statt gegen den Tod zu wirken, würden sie den Patienten geradewegs

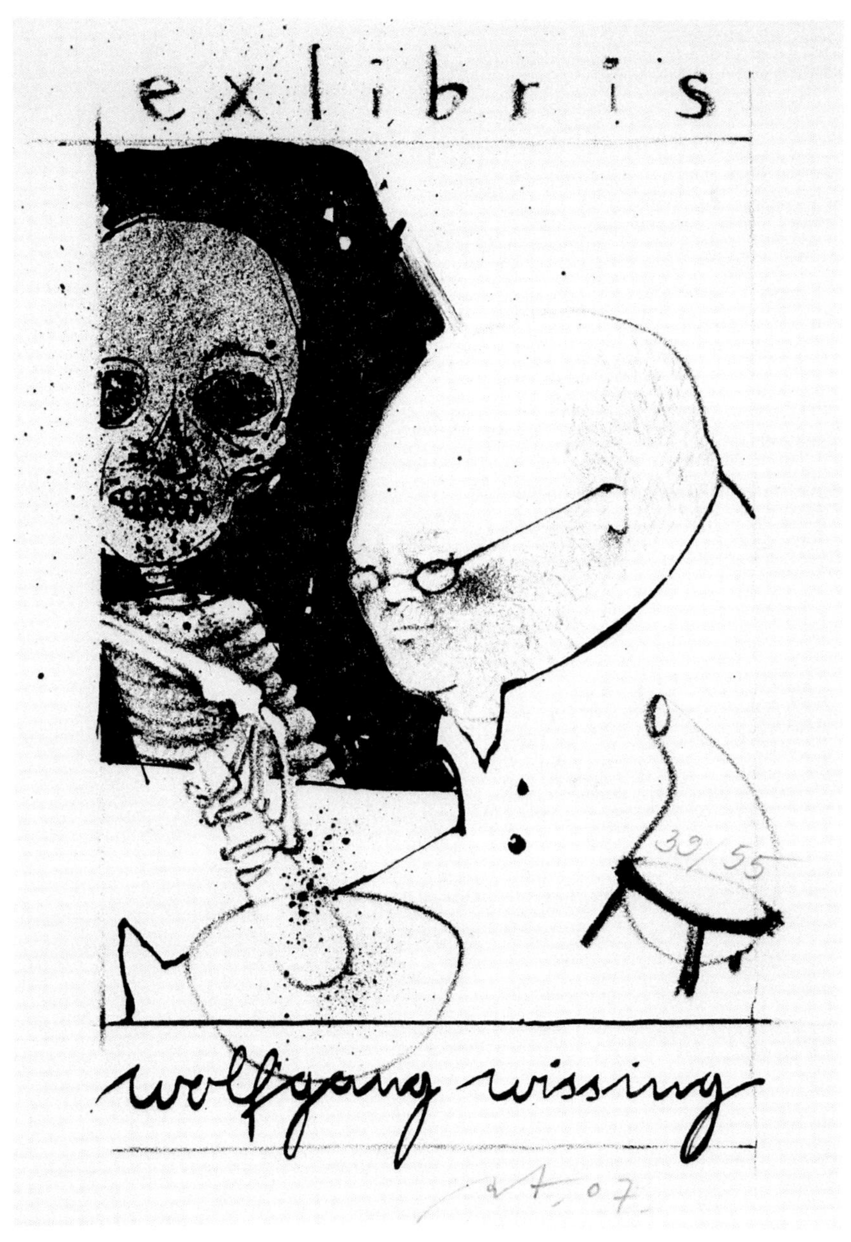

Abb. 28: Anya Triestram, Exlibris für Wolfgang Wissing, 2007.

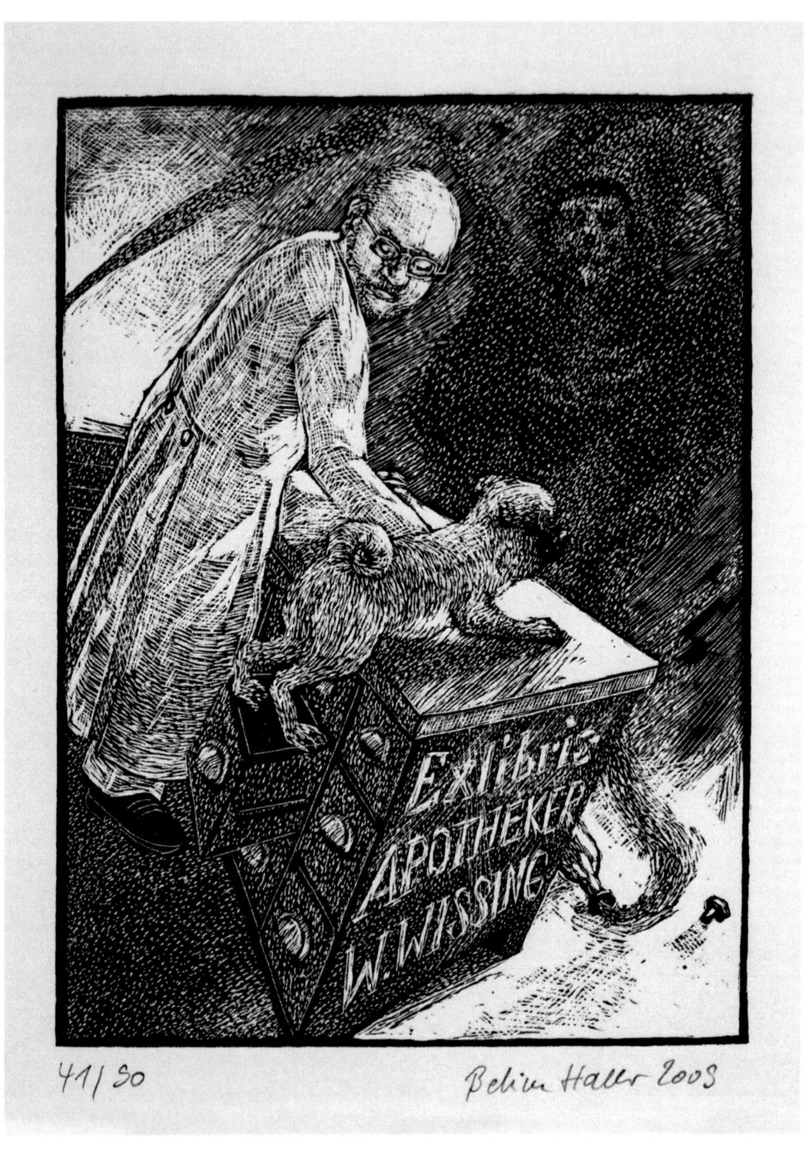

Abb. 29: Bettina Haller, Mops Darwin verteidigt seinen Herrn und Meister gegen Freund Hein, Exlibris für Wolfgang Wissing, 2009.

in seine Arme treiben. Thomas Rowlandsons (1756–1827) Darstellung „The Quack" aus der 1814–1816 entstandenen Aquatintafolge *The English Dance of Death*[9] scheint ganz am Beginn dieser Bildtradition zu stehen, die nahelegt, der Apotheker mache gemeinsame Sache mit dem Tod.

Die im Jahre 1904 erschienene Holzschnitt-Folge *Ein neuer Totentanz in achtzehn Bildern* des Münchener Künstlers Hans Gabriel Jentzsch (1862–1930)[10] zeigt den Tod in alltäglichen Situationen. Beigegeben sind den Darstellungen kurze Sprüche des Todes an den Sterbenden. Die Szene des fünften Blattes der Folge spielt sich in einer Apotheke ab, deren Details jedoch bereits eine Ahnung von dem hier aufziehenden Unheil vermitteln. Die Blumen, die das Rundbogenfeld der Thekenfront zieren, stecken in einer Vase, die an einen Totenschädel erinnert. Totenschädel finden sich auch am Kapitell der zentral im Bild platzierten Säule. Und tatsächlich handelt es sich bei dem gut gekleideten Apotheker um den hämisch grinsenden Knochenmann. Gleich wird er dem vor ihm sitzenden Kunden mit den Worten „Der Trank wird gut thun, mein Freund" die Mixtur aus den umstehenden Giften und Krankheiten – wie Digitalis, Tuberkulose und Pestilenz – anbieten, die er momentan erstellt.

Im 20. und 21. Jahrhundert wird die Kritik an pharmazeutischen Erzeugnissen, die Künstler wie Jentzsch und Rowlandson bereits im Rahmen von Totentanzzyklen anbrachten, immer wieder von den Apothekern selbst in ihren Exlibris in Anspruch genommen. Statt den eigenen Beruf heroisch zu verklären, werden die Grenzen der Profession aufgezeigt. An die Stelle des Anspruchs, eine Medizin gegen den Tod gefunden zu haben, tritt der Verweis auf die nicht zu unterschätzenden Nebenwirkungen. Ein frühes Beispiel für diese selbstkritischen Apotheker-Exlibris ist Gottfried Richters Holzschnitt für den Apotheker Otto Hein.[11]

Besonders dramatisch und erschreckend setzt Herwig Zens (geb. 1943) den giftmischenden Tod in Szene (Abb. 30). Der ehemalige Professor der Wiener Akademie der Bildenden Künste befasst sich seit mehreren Jahrzehnten mit dem Totentanz. Neben vielfältigen Todesdarstellungen schuf er bedeutende Auseinandersetzungen mit den monumentalen Totentänzen in Basel, Füssen und Lübeck (1990, 1998 und 2003).[12] Sein Bucheignerzeichen für Wolfgang Wissing zeigt den Tod als Apotheker, der mit Hilfe eines Mörsers ein Medikament herstellt. Deutlicher kann die Heilkraft der Medizin wohl kaum in Frage gestellt werden.

Derart kritische, zuweilen geradezu zynische Blätter erwartet man nicht, wenn es sich um Auftragsarbeiten von Vertretern der dargestellten Profession handelt. Unter den Ärzte-Exlibris sucht man solche Darstellungen jedenfalls vergeblich. Hier setzt man vielmehr auf die klare Positionierung als 'Gott in Weiß',[13] dem es durch seinen Einsatz gelingt, den Tod zu besiegen.

Wie kommt es aber, dass der Apotheker im Exlibris mit dem giftmischenden Tod verschmelzen kann? Steckt dahinter etwa der alltägliche Umgang mit Giftflaschen, die mitunter sogar mit Totenschädeln bezeichnet sind? Ist es das Wissen darum, dass ein und derselbe Wirkstoff heilen, aber auch töten kann, und dass es letztendlich auf die richtige Dosierung ankommt?

Stefanie Knöll

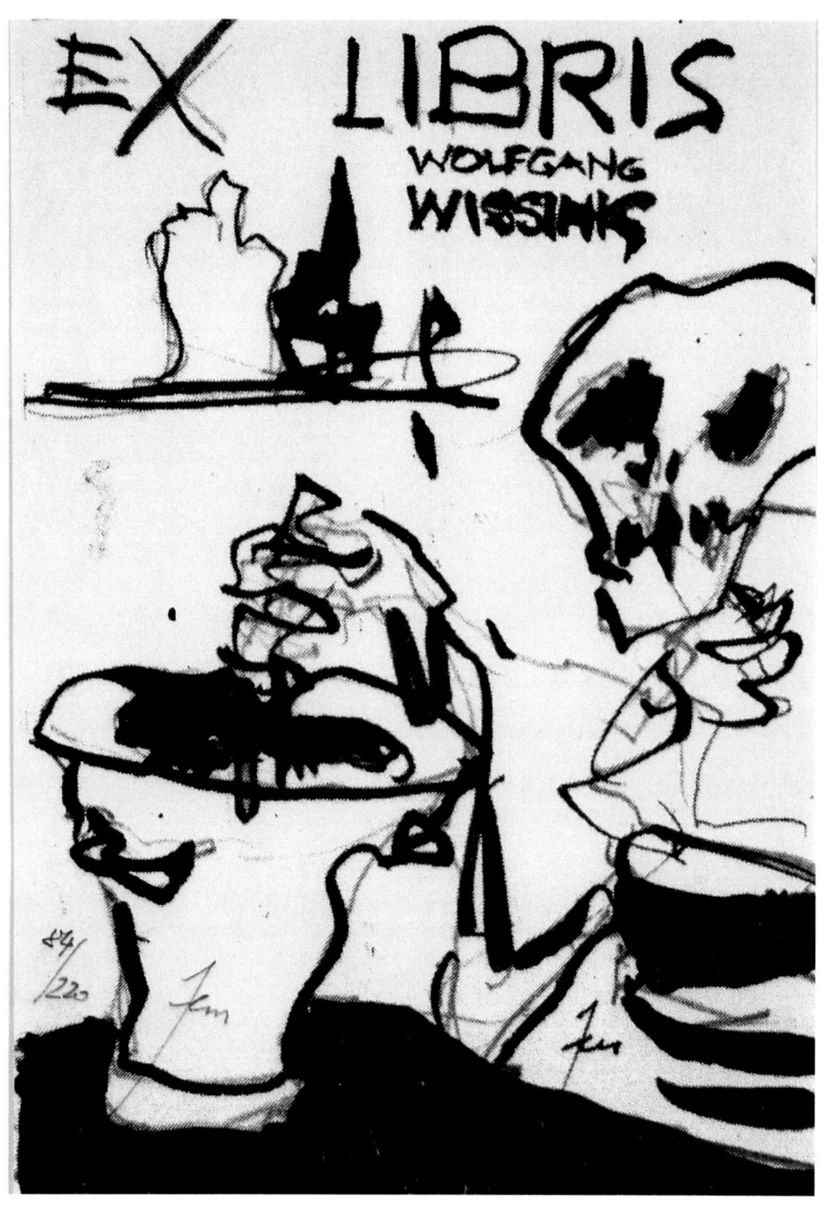

Abb. 30: Herwig Zens, Exlibris für Wolfgang Wissing, 2007.

1 Aus diesem Grund gilt das Jahr 1241 als ‚Geburtsjahr der Institution Apotheke'. 1991 feierte man demnach das 750-jährige Bestehen des Berufsstandes. Dazu: Rudolf Schmitz, Geschichte der Pharmazie, 2 Bde., Eschborn 1998, hier bes. Bd. 1, S. 449f. Zum Liber Augustalis vgl.: Lexikon des Mittelalters, 9 Bde., München 1999, Bd. 5, Sp. 1940.

2 Schmitz 1998, bes. Bd. 1, S. 448–459.

3 Zu diesen fremdländischen Arzneimitteln und ihrem Einsatz als Werbemittel vgl.: Schmitz 1998, Bd. 2, S. 145–153 und 174–175; Herline Menardi und Thomas Bidner (Hg.), Kunst- und Wunderkammer Apotheke, zur Ausstellung im Tiroler Volkskunstmuseum 2001, Innsbruck 2001.

4 Zu Tadeusz Szumarski vgl.: Elke Schutt-Kehm (Hg.), Das Exlibris. Eine Kulturgeschichte in 1600 Abbildungen aus den Beständen des Mainzer Gutenberg-Museums, Dortmund 1990, S. 57.

5 Vermutlich wurde die Apotheker-Szene erst später hinzugefügt. Dazu: Reinhold Hammerstein, Tanz und Musik des Todes. Die mittelalterlichen Totentänze und ihr Nachleben, Bern 1980, S. 189f.

6 Josef Brülisauer u. Claudia Hermann (Red.), Die Spreuerbrücke in Luzern: Ein barocker Totentanz von europäischer Bedeutung, Luzern 1996, bes. S. 208-209.

7 Zu Apotheker-Exlibris vgl.: Walther Zimmermann, Exlibris deutscher Apotheker, Dresden/Stuttgart 1925; Bruno Müller, Apotheker-Exlibris, in: Jahrbuch d. Dt. Exlibris-Gesellschaft 1987, S. 17-24; Gernot Blum, Der Tod im Exlibris, Wiesbaden 1990, S. 234–239; Wolfgang-Hagen Hein und Albrecht Borchardt, Apotheker-Exlibris aus Deutschland, Österreich und der Schweiz, Eschborn/Ts. 1997.

8 Beispielhaft seien hier das Exlibris von Richard Rother für Peter Dürr und das Exlibris von Alice Wanke für Marco Birnholz genannt. Beide sind abgebildet bei: Hein und Borchardt 1997, Abb. 40 und 72.

9 Dazu u.a.: Allen Samuels, Rudolph Ackermann and the English Dance of Death, in: Book Collector 23 (1974), S. 371–380; Robert Wark, Rowlandson's Drawings for the English Dance of Death, San Marino 1975, Nr. 243–327; Hubertus Schulte Herbrüggen, Der Totentanz in der englischen Karikatur, in: Franz Link (Hg.), Tanz und Tod in Kunst und Literatur, Berlin 1993, S. 161–187.

10 Zu Jentzsch: Stefanie Knöll (Hg.), Narren – Masken – Karneval. Meisterwerke von Dürer bis Kubin aus der Düsseldorfer Graphiksammlung 'Mensch und Tod', Regensburg 2009, Kat. Nr. 35, S. 143–144.

11 Das um 1928 entstandene Blatt spielt auf faszinierend humorvolle Weise auf Namen und Beruf des Bucheigners an. Arbeitsutensilien wie Mörser, Kolben und Reagenzgläser weisen die dargestellte Figur als Apotheker aus. Doch es handelt sich dabei nicht um den Bucheigner Otto Hein, sondern um den traditionell als „Freund Hein" bezeichneten Tod. Dazu: Hein und Borchardt 1997, S. 84; Wolfgang-Hagen Hein, Künstlerische Apotheker-Exlibris, in: Pharmaz. Ztg. 101 (1956), S. 1423–1425.

12 Zu Zens u.a.: Zens. Projekt Basler Totentanz, Paderborn 1990; Georg Peithner-Lichtenfels, Zens: Der neue Lübecker Totentanz, Wien 2003; Johannes Scheer (Bearb.), Herwig Zens. Das druckgraphische Werk: Gesamtverzeichnis aller druckgraphischen Arbeiten von 1965–2007, Wien/Köln 2007.

13 Sandra Abend, Götter in Weiss. Arztmythen in der Kunst, zur Ausstellung im Wilhelm Fabry Museum Hilden 2010, Hilden 2010.

Appendix

Literatur (Auswahl)

Abend, Sandra, Götter in Weiss. Arztmythen in der Kunst, zur Ausstellung im Wilhelm Fabry Museum Hilden 2010, Hilden 2010.

Block, Werner, Der Arzt und der Tod in Bildern aus sechs Jahrhunderten, Stuttgart 1966.

Blum, Gernot, Exlibris für Ärzte vom 16. Jahrhundert bis zur Gegenwart, Bonn 1983.

Blum, Gernot, Der Tod im Exlibris, Wiesbaden 1990.

Braungart, Richard, Das moderne Gebrauchs-Exlibris, München 1922.

Geck, Elisabeth, Exlibris. Kleingraphik aus fünf Jahrhunderten, Mainz 1955.

Grönert, Alexander, Exlibris, die Welt im Kleinformat. Klein- und Gebrauchsgrafik aus der Blütezeit des Exlibris, Ausstellung Museum Schloss Moyland, Bedburg-Hau 2009.

Hein, Wolfgang-Hagen und Albrecht Borchardt, Apotheker-Exlibris aus Deutschland, Österreich und der Schweiz, Eschborn/Ts. 1997.

Kreyenberg, Gerhard (Hg.), Exlibris für Ärzte, Köln 1983.

Kreyenberg, Gerhard, Ärzte-Exlibris aus der Sammlung Dr. G. Kreyenberg, Biberach/Riß 1980.

Ladnar, Ulrike und Heinz Decker, Memento Mori-Exlibris zu Tod und Totentanz, Ausstellung Museum Bruder Klaus Sachseln, Wiesbaden 2010.

Neureiter, Manfred, Lexikon der Exlibriskünstler, Berlin 2009.

Ott, Norbert, Exlibris. Zur Geschichte ihrer Motive, ihrer Gestaltungsformen und ihrer Techniken, Frankfurt am Main 1967.

Rödel, Klaus, Versuch einer internationalen Bibliographie der Exlibrisliteratur. Sammlung Klaus Rödel, Frederikshavn 2007.

Schmitt, Anneliese, Deutsche Exlibris. Eine kleine Geschichte von den Ursprüngen bis zum Beginn des 20. Jahrhunderts, Leipzig 1986.

Scholz, Albrecht, Ärzte-Exlibris 1900–1930, Ausstellung Berlin, Berlin 1981.

Scholz, Albrecht, Ärzte-Exlibris aus der DDR und der UdSSR, Ausstellung Magdeburg, Dresden 1979.

Schuster, Eva, Mensch und Tod. Graphiksammlung der Universität Düsseldorf, Düsseldorf 1989.

Schutt-Kehm, Elke, Das Exlibris, eine Kulturgeschichte in 1600 Abbildungen aus den Beständen des Mainzer Gutenberg-Museums, Dortmund 1990.

Waehmer, Kuno, Bücherzeichen deutscher Ärzte. Bilder aus vier Jahrhunderten, Leipzig 1919.

Zimmermann, Walther, Exlibris deutscher Apotheker, Dresden/Stuttgart 1925.

Zeitschrift des deutschen Vereins für Exlibriskunst und Gebrauchsgraphik, 1892-1906. Seit 1979 unter dem Titel Exlibriskunst und Graphik.

Abbildungsnachweis

Titel
Herwig Zens, Exlibris für Wolfgang Wissing, Offset-Lithographie und Tusche, 2007, E 0918.
Mit freundlicher Genehmigung des Künstlers.

Abb. 1
Claudia Berg, Die Ankunft der Schlange, Radierung, 2007, E 1010.
Mit freundlicher Genehmigung der Künstlerin.

Abb. 2
Nikolaus Chodowiecki, Exlibris für Dr. Christoph Salomon Schinz, Radierung, 1792, E 0080.
© Graphiksammlung "Mensch und Tod" der Heinrich-Heine-Universität Düsseldorf.

Abb. 3
Ottohans Beier, Exlibris für Dr. Oertel, Kupferstich, 1930er, E 1004.
Mit freundlicher Genehmigung der Töchter des Künstlers.

Abb. 4
Ottohans Beier, Exlibris für Dr. Gerhard Kreyenberg, Kupferstich, 1968, E 1008.
Mit freundlicher Genehmigung der Töchter des Künstlers.

Abb. 5
Krzystof Kmiec, Streit um die Annahme des Lohnes für Palladias Heilung, Exlibris für die polnische Gesellschaft für Pharmazie, Linolschnitt, 2005, E 1045.
Mit freundlicher Genehmigung des Künstlers.

Abb. 6
Krzysztof Kmiec, Der Tod der heiligen Ärzte Kosmas und Damian, Exlibris für Zyta und Janusz Plotkowiak, Linolschnitt, 2005, E 1052.
Mit freundlicher Genehmigung des Künstlers.

Abb. 7
Krzysztof Kmiec, Titel, Die heiligen Ärzte heilen ein vom Teufel besessenes Kamel, Exlibris für Anna Baranowska, Linolschnitt, 2004, E 1041.
Mit freundlicher Genehmigung des Künstlers.

Abb. 8
Harry Jürgens, Ein pandämonisches Panoptikum, Exlibris für Wolfgang Wissing, Radierung, 2005, E 0990.
Mit freundlicher Genehmigung des Künstlers.

Abb. 9
Harry Jürgens, Christus als Apotheker, Exlibris für Wolfgang Wissing, Radierung, 2005. E 0994.
Mit freundlicher Genehmigung des Künstlers.

Abb. 10
Tatiana Skalko-Karlovska, Christus als Apotheker, Exlibris für Wolfgang Wissing, Holzschnitt, 2009, E1011.
Mit freundlicher Genehmigung der Künstlerin.

Abb. 11
Krzysztof Kmiec, Maria als Apothekerin, Exlibris für Dr. Jadwiga Brzezinskie, Linolschnitt, 1996, E 1037.
Mit freundlicher Genehmigung des Künstlers.

Abb. 12
Wojciech Jakubowski, Christus als Apotheker, Exlibris für Wolfgang Wissing, Kupferstich, 2005, E 0980.
Mit freundlicher Genehmigung des Künstlers.

Abb. 13
Karl-Georg Hirsch, Christus als Apotheker, Exlibris für Wolfgang Wissing, Acrylstich, 2009, E 1016.
© VG Bild-Kunst, Bonn 2011.

Abb. 14
Andreas Paul Weber, Exlibris für Dr. Friedrich Bonhoff, Holzschnitt, 1921, E 0671.
© VG Bild-Kunst, Bonn 2011.

Abb. 15
Georg Poppe, Exlibris für Dr. Walther Dahle, Lithographie, 1903, E 0487.

Abb. 16
Theo Ortner, Exlibris für Dr. Werner Block, Linolschnitt, 1936, E 0448.

Abb. 17
Ottohans Beier, Exlibris für Dr. A. Bräuer, Kupferstich, 1950er, E 1009.
Mit freundlicher Genehmigung der Töchter des Künstlers.

Abb. 18
Fritz Gilsi, Exlibris für Dr. med. Paul Jung, Radierung, vor 1915, E 0207.

Abb. 19
Alois Kolb, Exlibris für Dr. Robert v. Toeply, Radierung und Aquatinta, Anfang 20. Jahrhundert, E 0342.

Abb. 20
Ottohans Beier, Exlibris für Rudolf Lezgus, Kupferstich, 1965, E 1007.
Mit freundlicher Genehmigung der Töchter des Künstlers.

Abb. 21
Ottohans Beier, Exlibris für Norman Shaftel, Kupferstich 1963, E 1006.
Mit freundlicher Genehmigung der Töchter des Künstlers.

Abb. 22
Jan Standa, Exlibris für Dr. Janusz Pieniazki, Lithograpie, 1966, E 1091.

Abb. 23
Joséf Váchal, Exlibris für Dr. Jaroslav Barth, Clairobscurschnitt, 20. Jahrhundert, E 0629.

Abb. 24
Tadeuz Szumarski, Exlibris für Mgr. Agata Kubeczkova, Kupferstich, 2000, E 1022.
Mit freundlicher Genehmigung des Künstlers.

Abb. 25
Barbara Ruppel, Exlibris für Wolfgang Wissing, Offsetdruck nach Handzeichnung, 2005, E 0996.
Mit freundlicher Genehmigung der Künstlerin.

Abb. 26
Tadeusz Szumarski, Exlibris für Lode Deurinck, Kupferstich, 1997, E 1021.
Mit freundlicher Genehmigung des Künstlers.

Abb. 27
Andreas Raub, Das Pillenbrett, Exlibris für Evelyn Wissing, Radierung, 2009, E 0989.
© VG Bild-Kunst, Bonn 2011.

Abb. 28
Anya Triestram, Exlibris für Wolfgang Wissing, Lithographie, 2007, E 0916.
Mit freundlicher Genehmigung der Künstlerin.

Abb. 29
Bettina Haller, Mops Darwin verteidigt seinen Herrn und Meister gegen Freund Hein, Exlibris für Wolfgang Wissing, Acrylstich, 2009, E 0945.
Mit freundlicher Genehmigung der Künstlerin.

Abb. 30
Herwig Zens, Exlibris für Wolfgang Wissing, Offset-Lithographie und Tusche, 2007, E 0918.
Mit freundlicher Genehmigung des Künstlers.

Wir haben uns um die Einholung der Abbildungsrechte bemüht. Da in einigen Fällen die Inhaber der Rechte nicht zu ermitteln waren, werden rechtmäßige Ansprüche nach Geltendmachung ausgeglichen.